ACCESO GRATIS ***a la Lectura en la Nube***

Para visualizar el libro electrónico en la nube de lectura envíe junto a su nombre y apellidos una fotografía del código de barras situado en la contraportada del libro y otra del ticket de compra a la dirección:

ebooktirant@tirant.com

En un máximo de 72 horas laborales le enviaremos el código de acceso con sus instrucciones.

CLAVES PARA ENTENDER EL COMPLIANCE EN MÉXICO

CLAVES PARA ENTENDER EL COMPLIANCE EN MÉXICO

Yurixhi Gallardo
María Teresa de la Concha Autrique
José Luis Villa López

tirant lo blanch
Ciudad de México, 2024

En caso de erratas y actualizaciones, la Editorial Tirant lo Blanch México publicará la pertinente corrección en la página web www.tirant.com/mex/

Este libro será publicado y distribuido internacionalmente en todos los países donde la Editorial Tirant lo Blanch esté presente.

Proyecto de investigación aprobado en el marco de la Convocatoria Fondo Fomento a la Investigación 2022 de la Universidad Panamericana.

© EDITA: TIRANT LO BLANCH
DISTRIBUYE: TIRANT LO BLANCH MÉXICO
Av. Tamaulipas 150, Oficina 502
Hipódromo, Cuauhtémoc
CP 06100, Ciudad de México
Telf: +52 1 55 65502317
infomex@tirant.com
www.tirant.com/mex/
www.tirant.es
ISBN: 978-84-1197-860-6
MAQUETA: Disset Ediciones

Si tiene alguna queja o sugerencia, envíenos un mail a: *atencioncliente@tirant.com*. En caso de no ser atendida su sugerencia, por favor, lea en *www.tirant.net/index.php/empresa/politicas-de-empresa* nuestro procedimiento de quejas.

Responsabilidad Social Corporativa: http://www.tirant.net/Docs/RSCTirant.pdf

Índice

Introducción

Las decisiones que las personas tomamos en cada ámbito de nuestra vida, tienen siempre un impacto ético, seamos conscientes o no de ello. Podemos hablar entonces de una huella ética, así como hablamos de una huella de carbono a propósito del medio ambiente. Las decisiones siempre acarrean consecuencias, aunque no estemos interesados en la naturaleza de la ética o en su carácter científico. En ocasiones, el desinterés que las personas muestran acerca de estos temas se debe a cierta inanimadversión que les puede producir el análisis de asuntos que tienen un matiz filosófico, porque la consideran un área de poca utilidad. Sin embargo, al adentrarnos en la ética, estamos plenamente en terrenos filosóficos y ahí nos enfrentamos a cuestionamientos con respuestas diferentes, lo que de entrada puede sonar un asunto complicado y lejano al actuar cotidiano de las personas. En particular, por lo que corresponde a la ética profesional vemos con frecuencia que se pretende llegar a conclusiones de ética aplicada sin la ética, como ya lo advirtió hace algunos años Barbara Rhode o se puede hablar de ética sin que efectivamente se llegue a aplicar. Ambas situaciones se pueden presentar en ámbitos diferentes, por ejemplo, puede darse en el Derecho o en la empresa.

Sin embargo, cuando padecemos las conductas no éticas de terceros y consideramos que la razón nos asiste, quisiéramos que los demás siguieran altos estándares éticos en su actuación y ahí la ética recobra su importancia. Para enfatizar esa importancia valdría la pena considerar, por ejemplo, cómo desde nuestros ámbitos de acción es posible contribuir a la cultura de integridad, o de qué forma nuestras propias conductas en el ámbito laboral pueden ser éticas. En este sentido, el ejercicio ético de las actividades profesionales es pieza fundamental para el desarrollo de las sociedades. Dicho ejercicio ético recae en las decisiones que toman los profesionales cuyas repercusiones pueden ser analizadas en lo individual o también desde el punto de vista de las organizaciones. Frente a este panorama, el punto de partida para profundizar en estos temas puede ser el amplio consenso respecto a la ausencia de la ética. También es un buen comienzo el estudio de los códigos y normativas que resultan medidas paliativas de las problemáticas éticas existentes.

Por lo que respecta a las organizaciones, siguiendo la analogía de la huella como signo de la identidad, podemos decir que las organizaciones también tienen una huella ética, no sólo las personas. Se puede hablar de ética de los profesionales del derecho o de ética de los ingenieros, pero también es posible hoy hablar de ética en las organizaciones. En concreto, de ética y empresa, o ética y universidades, por citar dos ejemplos de organizaciones. En el segundo supuesto, hemos hecho referencia a la ética de las organizaciones, sin embargo, hay que enfatizar que el análisis de las decisiones que se toman en las organizaciones no sustituye al análisis ético de las acciones de determinados sujetos, sino que suma una nueva perspectiva porque se analiza la acción de la organización como un sujeto.

Por lo que concierne a la empresa entendida como organización, constantemente salen a la luz casos donde las prácticas no éticas de personas que ejercen en ellas colocan a sus accionistas, empleados, clientes y demás sujetos involucrados en situaciones complejas que merecen un riguroso análisis ético. Ejemplo de ello, es la empresa Theranos (Carreyrou, 2018), que prometía revolucionar el tradicional método para realizar pruebas de sangre. Theranos (2018) sostenía que a partir de dichas pruebas habría una innovación en la administración de medicamentos porque una sencilla muestra de sangre permitiría obtener resultados en menos de cuatro horas y con ello los médicos podrían hacer ajustes a los tratamientos de sus pacientes de forma rápida. Elizabeth Holmes, la fundadora de la empresa ha tenido que enfrentar un proceso legal que cuestiona las prácticas llevadas a cabo. El caso de Theranos resulta particularmente preocupante porque pone de manifiesto el peligro que representan para el desarrollo de la sociedad aquellas corporaciones que por un afán de obtener ganancias sin valorar otros bienes ponen en riesgo la salud de las personas.

Sumado al caso de Theranos, en los últimos años, son muchas las situaciones que ponen el acento en el comportamiento ético de las empresas. Por ejemplo, Volkswagen que ilegalmente instaló un software en automóviles comercializados en Estados Unidos que alteraba los resultados de las emisiones contaminantes y que representó además de pérdidas millonarias para la empresa, la salida de su Presidente y un impacto en la reputación ética de la organización. Por otra parte, el famoso caso de Enron que se convirtió en un parteaguas para las empresas y la educación en temas éticos. O los recientes casos que involucran a empresas de criptomonedas donde se han presentado varios fraudes. Por lo que concierne a las empresas mexicanas, estas no son la excepción, por ejemplo, en los últimos años han salido a la luz casos donde la ética está en juego e involucra a importantes organizaciones, entre ellas, Aeroméxico por lo que respecta a las multas a sus consejeros por la Comisión Nacional Bancaria y de Valores (CNBV) por utilizar información privilegiada en 2012 y 2013; o el caso de las Afores y sus prácticas monopólicas donde se vieron involucradas Afore Banorte, Afore Sura, Principal Afore y Profuturo GNP.

Sin embargo, ni las situaciones como las que enfrenta Theranos, ni la preocupación acerca de las prácticas éticas son un tema reciente. Casos como los de Enron, Wells Fargo, Volkswagen, General Motors, Segalmex y otros, han dejado de manifiesto la necesidad de que no se desvincule la ética de los negocios, lo que requiere pensar en la ética de las personas a la vez que en las prácticas éticas que pueden impulsarse desde las organizaciones. De tal suerte que, es común que se tienda a abordar el tema de la ética con distintas dicotomías: ser ético o no serlo, ética privada y ética pública, ética personal y ética de las organizaciones, correcto o incorrecto, justo o injusto. Sin embargo, hay que analizar las situaciones concretas para identificar desde dónde se puede impulsar una cultura de integridad.

La persona que es una, actúa en diferentes ámbitos, sin embargo, por lo que a la ética se refiere, no puede haber una disociación. Esto no quiere decir que no puedan impulsarse desde la empresa medidas precisas para que las personas actúen éticamente en su quehacer profesional y con ello no dañen a la empresa. Si esas medidas se impulsan con un auténtico sentido ético, más allá del normativo, estarán impulsando el desarrollo ético de la persona en su conjunto y el ámbito profesional tendrá sin duda, un impacto en el ámbito personal.

En esta obra abordaremos la ética desde la perspectiva de las organizaciones, en concreto, desde la empresa, sabiendo que quiénes actúan son personas concretas. El ámbito de la toma de decisiones es explorado ampliamente desde distintas vertientes, entre las que se encuentran, por ejemplo, la filosofía moral, la psicología moral, por citar algunas. Sin embargo, en estas páginas dejamos de lado dicho planteamiento para adentrarnos en la ética desde el punto de vista de la empresa como organización. Dada la trascendencia del tema se han llevado a cabo acciones precisas desde la empresa para prevenir las conductas no éticas de las personas que afecten a dichas organizaciones o acciones que puedan ser atribuidas a la organización. Aunque en primer lugar no se haga una referencia clara a la ética, todas estas acciones tienen el mismo hilo conductor: impulso a la ética. En este sentido, aparecen términos como la Responsabilidad Social Empresarial, Responsabilidad Social Corporativa, *Compliance,* entre muchos otros. Además, ahora se habla con mayor regularidad de cultura de la integridad, empresa ciudadana. Sumado a lo anterior, se ha dado una mayor relevancia a los órganos de gobierno corporativo, ha habido una proliferación de los códigos de ética dentro de las empresas, y en las universidades cada vez existe una mayor oferta académica de cursos con contenido ético, particularmente en las carreras de negocios (Scalzo et al., 2019). Asimismo, dentro de las propias organizaciones están siendo relevantes determinados puestos, entre ellos, los auditores internos y los oficiales de cumplimento.

Los esfuerzos para promover la ética en las organizaciones, han seguido caminos precisos en el sector público y en el sector privado, sin embargo, dichos esfuerzos obedecen al mismo aliciente: frenar las conductas no éticas, entre otras razones, por los estragos sociales que representan. Las conductas no éticas, no se reducen a la corrupción, pero este quizá sea el tema que más ha sido estudiado y del que por lo menos en México ha habido un consenso en la urgente necesidad de frenarlo sumando esfuerzos de los distintos actores involucrados. Prueba de ello, es la creación del Sistema Nacional Anticorrupción que implicó reformas a diversos ordenamientos jurídicos. Además, en las entidades federativas se crearon los Sistemas Estatales Anticorrupción que implicaron la adecuación al marco jurídico estatal, estructuras precisas y nombramientos para llevar a cabo dicha tarea. Materia de otro estudio serán los resultados y el impacto que efectivamente esto ha tenido o no en el combate a la corrupción.

Por lo que concierne al sector privado, también estamos ante un posicionamiento del tema ético y vale la pena analizar a detalle cada una de las acciones impulsadas para ponderar sus alcances y valorar si efectivamente existe un impulso a la ética real o se queda en el mero discurso. Motivados en dicho análisis, esta obra presenta una introducción al *Compliance* como una medida orientada a las empresas que involucra a diferentes actores y, en los últimos años ha proliferado de tal manera que ha llevado a modificar ordenamientos jurídicos en los países, de los cuáles México no es la excepción. Además, el *Compliance* está modificando la toma de decisiones dentro de la propia empresa, por ello, han surgido nuevos profesionales especializados en el tema, se ofertan programas educativos en específico para preparar a los futuros profesionales, entre muchos otros frentes que ha impactado.

Ante tal realidad, es necesario entender la naturaleza del *Compliance*. Hay quiénes sugieren que el *Compliance* es un apartado del gobierno corporativo. Consideramos que el *Compliance* en cuanto a su naturaleza material, va más allá del gobierno corporativo. Si bien es cierto que puede ser abordado desde el gobierno corporativo porque involucra a quienes gobiernan la empresa, el *Compliance* encuentra su razón de ser en la ética aplicada al mundo de la empresa y consideramos que efectivamente necesita ser asumido dentro del gobierno corporativo para que pueda convertirse en una realidad palpable. Por lo tanto, el objeto de estas líneas es poner a disposición de quiénes están interesados directamente en la ética, el derecho, la ética profesional, la cultura de la integridad, la lucha contra la corrupción o el mundo de la empresa en general y las mejores prácticas dentro de ella, una herramienta que les permita comprender a través de elementos clave la naturaleza del *Compliance*, su alcance y aplicación en el sistema jurídico mexicano.

La obra está dividida en 5 apartados que obedecen a igual número de elementos que consideramos son el punto de partida para esta materia. La primera parte, aborda la naturaleza del *Compliance* y responde entre otras, a las preguntas: ¿Qué es? ¿Cómo se relaciona con la ética? ¿Qué es la responsabilidad social de la empresa? ¿Qué es la ética empresarial?, ¿El *compliance* forma parte del gobierno corporativo? ¿Cuáles son los conceptos clave para comprenderlo? ¿Qué comprende y qué no? ¿Por qué la gestión del riesgo es el *quid* del *Compliance?*, entre otras.

La segunda parte, es una síntesis del origen del *Compliance* en el derecho anglosajón, sintetiza datos releveantes de la *US Federal Sentencing Guidelines*, la Ley Sarbanes Oaxley, la Ley Dodd Frank, entre otas.

El tercer elemento hace referencia al *Compliance* en México, aborda el papel del Sistema Nacional Anticorrupción para introduir el *Compliance* en México y datos generales del Código Penal Federal y el Código Nacional de Procedimientos Penales.

En lo que respecta al cuarto apartado, se hace referencia a la cultura de integridad dentro de la empresa. Abordamos el marco legal internacional de combate a la corrupción, los códigos de integridad y ética empresarial, el manual de integridad del Consejo Coordinador Empresarial, entre otros.

El quinto apartado se centra en la figura del oficial de cumplimiento ¿Por qué la empresa requiere un oficial de cumplimiento? ¿Cuáles son sus responsabilidades? ¿Cómo ha evolucionado la figura de este oficial de cumplimiento? ¿Cuál es el perfil para llevar a cabo dicha labor? ¿Cuáles son las competencias que requiere?

1. Primera aproximación al *Compliance*

El *Compliance* ha tomado en los últimos años una posición relevante y hay que entenderlo más allá del mero cumplimiento normativo. "El objeto de los modelos de organización y gestión de *Compliance* no es solo evitar la sanción penal de la empresa sino promover una cultura ética corporativa" (López Arranz, 2019). Por otra parte, se está posicionando como un elemento que permitirá a las organizaciones ser exitosas a largo plazo. El *Compliance* es ahora ampliamente difundido y aplicado, sin embargo, aún requiere profundizarse en su naturaleza, alcance e implementación. Surgido en el Derecho anglosajón se ha extendido a países con otra tradición jurídica como es el nuestro. Su importación obedece a un fenómeno de globalización jurídica, hasta hace unos veinte años era poco estudiado y quiénes se dedicaban a dicha área eran percibidos como burócratas que solo palomeaban formularios (Miller, 2017). Hoy, el *Compliance,* es un sector en evolución que ha pasado de ser considerado con un enfoque mecánico a ser considerado un área de análisis de riesgos. Por lo tanto, es cada vez más frecuente que quiénes se dedican a dicho ámbito participen en el proceso de planificación estratégico de las empresas. El estudio de lo que podemos entender por *Compliance* presenta varias áreas que pueden ser estudiadas. Miller (2017) propone las siguientes:

- Cumplimiento de las reglas de comportamiento: se investiga cómo los incentivos legales y privados pueden ser utilizados para motivar a los empleados hacia un buen comportamiento de una forma efectiva y eficiente.
- Gestión y análisis de riesgos: se analiza la evolución del riesgo en la administración y se está llegando a comprender cuán profundo es el cambio que supone el paso a estrategias basadas en el riesgo de gestión, cumplimiento, auditoría interna, auditoría externa, supervisión y reglamentación.
- Gobierno corporativo relacionado con el cumplimiento: "Un nuevo enfoque de la gobernanza va más allá de las cuestiones tradicionales de los poderes del consejo de administración y de los accionistas. El gobierno corporativo relacionado con el

cumplimiento mira bajo el manto de las organizaciones complejas y trata de comprender los procesos de auditoría interna, gestión de riesgos, cumplimiento, recursos humanos y la línea de negocio".

- Control externo sobre el gobierno interno: las legislaturas y los organismos reguladores están desempeñando una función cada vez más normativa en el gobierno de las empresas toda vez que dictan estrategias de control interno (por ejemplo, requisitos para la auditoría de la junta o los comités de riesgos) y, mediante la orientación normativa, actúan efectivamente como consultores de gestión sobre los esquemas que promueven las "mejores prácticas" que son obligatorias en todo menos en el nombre.

En los últimos años empieza a haber un crecimiento exponencial de publicaciones que hacen referencia al *Compliance*: cursos, certificaciones, organizaciones, entre otros productos que podemos encontrar disponibles en los que aparece la palabra. Pero ¿Qué es el *Compliance* y cómo podemos entenderlo de forma sencilla? Ese es el objetivo de este apartado, por lo cual, el punto de partida es delimitar cómo podemos comprenderlo, es decir, conocer cuál es su naturaleza. La naturaleza hace referencia a "la virtud, cualidad o propiedad de las cosas" (RAE, n.d.). Cuando nos preguntamos acerca de la naturaleza de algo estamos respondiendo a la pregunta ¿qué es? y por lo tanto, ¿qué lo hace ser eso y no otra cosa? Dicho esto, vamos a indagar qué es y qué lo distingue de otras cosas que existen, que son cercanas pero que no denominamos *Compliance*. Una primera traducción del término resulta orientadora en tal sentido.

En español, la traducción más extendida es la de cumplimiento, aunque también podría hablarse de conformidad. La objeción que presenta este segundo sentido de la traducción, es que limita el entendimiento del término que nos proponemos explorar, por lo tanto, aunque en muchos lugares se utiliza de forma indistinta cumplimiento y *Compliance,* queremos establecer las diferencias de fondo entre dichos términos aunque puedan usarse de forma indistinta en muchas ocasiones. Proponemos que el *Compliance* sea entendido en un sentido más amplio para evitar dar la impresión errónea de que solo estamos hablando de conformidad con las normas. Aunque en muchos documentos que abordan el tema se refieren precisamente al *Compliance* con esta visión que consideramos puede en algunos casos quedarse corta. Por ejemplo, el Manual "Cómo elaborar un plan de compliance para su empresa" (Empresa, n.d.), lo define de la siguiente forma: "(...) el hecho de que una organización cumpla con toda la normativa que le es aplicable y, especialmente, con el artículo anteriormente mencionado". Por su parte, la ISO 37301:2021 hace referencia al *Compliance* como un proceso continuo y el resultado de que una organización cumpla con sus obligaciones.

Siendo así, el cumplimiento se hace sostenible si se integra en la cultura de la organización y en el comportamiento y la actitud de las personas que trabajan en ella (ISO 37301:2021, 2021). Aparecen entonces varios elementos para que sea sostenible el cumplimiento: en primer lugar, integrarlo a la cultura de la organización y, en segundo lugar, en el comportamiento y la actitud de las personas. Quizá el primero de los elementos, integrarlo a la cultura de la organización es el que más se ha explorado al analizar el tema. El otro, referente al comportamiento y a la actitud de las personas, nos ubica en otros terrenos que son el de la ética profesional, la psicología organizacional, la psicología moral, por citar campos a los que haremos referencia a lo largo de este trabajo y que definitivamente van mucho más lejos del mero hecho de cumplir con la normativa aplicable a una empresa en particular. Por ahora, solo queremos poner de manifiesto la complejidad del concepto *Compliance.*

En este trabajo nos referiremos al *Compliance* o al cumplimiento de manera indistinta, sin embargo, comprendemos que *Compliance* es mucho más que el cumplimiento con las normas como lo hemos manifestado. En un sentido más específico podemos hacer referencia a un cumplimiento normativo, pero consideramos que el *Compliance* no puede reducirse a un cumplimiento de las normas exclusivamente. Así como la ética no puede reducirse a un mero seguimiento de normas, el *Compliance* no se reduce a conformidad con la norma. Las normas son un elemento muy importante pero no el único que está en juego. Además de las normas, está en juego al hablar del *Compliance,* una realidad más amplia que es la de la cultura ética de la empresa o también denominada cultura de integridad. La propia ISO citada hace referencia a diferentes elementos: leyes, requerimientos regulatorios, códigos de la industria y estándares organizacionales, estándares de buen gobierno, mejores prácticas, ética y expectativas de la comunidad.

Una vez que hemos aclarado la traducción del término, hay otras preguntas en torno a la naturaleza del *Compliance.* Entre ellas, la literatura se cuestiona si el *Compliance* posee o no una dimensión ética (Pérezts & Picard, 2015). Surgen entonces los siguientes cuestionamientos: ¿Cuál es la relación con la ética? ¿Es una concreción de la ética? O su lugar está dentro del ¿Gobierno corporativo?, plantemientos que habíamos puesto sobre la mesa en la introducción. Por lo tanto, la relación entre ética y *Compliance* es un asunto ineludible al aproximarse a esta materia, aunque hemos ya adelantado nuestra posición, daremos razón de eso. Dicho vínculo no es un problema meramente teórico; delimitar esta relación, entender la naturaleza de lo que estamos estudiando tiene un alcance práctico, por ejemplo, en la implementación de los programas en las empresas como lo señalaremos posteriormente.

1.1. LA VINCULACIÓN ENTRE ÉTICA Y *COMPLIANCE*

Para aclarar la relación entre ética y *Compliance,* haremos unas acotaciones respecto a la ética. Este libro no es una obra de ética, ni está pensada para filósofos, así que las precisiones que hacemos respecto a la ética serán únicamente las que nos permitan aclarar nuestro problema y adentrarnos más en el *Compliance.* La ética es una ciencia compleja que estudia la conducta humana. Hay que subrayar el carácter científico de la ética, igualmente importante que otras ciencias y ese carácter lo tiene porque posee un objeto de estudio propio y métodos propios que permiten llegar a la certeza de las conclusiones planteadas. La ética da razón sobre la conducta humana respecto a la bondad o malicia de esa conducta y desde la antigua Grecia ha estado presente la pregunta acerca de qué es lo bueno y qué es lo malo, qué es lo que nos perfecciona, qué es la felicidad, entre otros cuestionamientos.

La práctica moral siempre está vinculada a algún tipo de visión del mundo o forma de pensar consciente o inconsciente (Edling et al., 2020). En una sociedad democrática se reconoce la pluralidad de concepciones acerca de la buena vida y de los valores, sin embargo, esa pluralidad tiene que convivir con el respeto a las normas jurídicas, y dichas normas jurídicas no pueden ser indiferentes a unos mínimos éticos sobre los que se sostiene el derecho, aunque se reconozca la pluralidad de las concepciones éticas de las personas. Las normas jurídicas cuando son producto arbitrario de las decisiones de una mayoría que ostenta el poder obligan a pensar en algo más allá del sistema jurídico, por lo que no puede perderse de vista ese vínculo tan estrecho que existe entre ética y derecho. Es decir, hay una realidad anterior que sustenta al sistema jurídico.

Es esta la primera relación entre ética y derecho que nos permitirá entender la relación entre *Compliance* y Ética. Por otra parte, el derecho y la ética se ocupan de la conducta humana. La diferencia es que el derecho estará preocupado solo por aquellas conductas que las normas jurídicas regulan. La ética es más amplia que el derecho, las dos se encargan de estudiar conductas humanas, mientras que desde la perspectiva ética se estudia la bondad o malicia, el derecho estudia su juridicidad. El derecho se sostiene en dos pilares que lo vinculan directamente con la ética. Por un lado, el reconocimiento de la dignidad humana y por el otro, la búsqueda de la justicia. Por lo tanto, cualquier ordenamiento jurídico tiene una vinculación estricta con la ética. Por lo que respecta a la dignidad humana, es un tema relevante porque la persona humana es el fundamento del derecho. Y por lo que concierne a la justicia, porque esta consiste en dar cada uno lo suyo y es considerada una virtud cardinal, desde la tradición clásica de la ética.

Hay autores que reconocen en el *Compliance* una dimensión ética, es decir, proponen para su análisis volver a centrarse en el tema moral humano para repersonalizar y re-habitar el cumplimiento con el fin de comprender mejor la aplicación de las normas (Pérezts & Picard, 2015). Este trabajo a partir de lo que se ha mencionado, sigue este planteamiento que sostiene que el *Compliance* apela al comportamiento ético que va más allá de un tema de procesos y normas en el que siempre están involucrados individuos y por tanto hay lugar para las virtudes, valores y principios. Es un tema ético, no se restringe a ser un tema jurídico. Por lo tanto, desde el punto de vista de las organizaciones, es decir, es un asunto de ética aplicada, de ética de la empresa. Por lo que respecta a las personas, es también un asunto de ética profesional por una parte y por otro, de una disposición personal para desarrollar un compás ético (Van Stekelenburg et al., 2021), que permite acercarse a una cultura de integridad. Aunque hablemos por ejemplo de programas de cumplimiento, análisis de riesgos, no podemos reducir el *Compliance* a esa lista de cotejo ajena a las problemáticas, porque no es su naturaleza y a fin de cuentas, la implementación será más efectiva si hay esa disposición de las personas que lo sacarán adelante. Esto quiere decir, interiorizar el cumplimiento más allá de las sanciones. Por lo tanto, al hablar de cumplimiento nos colocamos también ante la ética entendida como competencia profesional, la cual requiere que el sujeto interiorice las conductas más allá de actuar de determinada forma por temor al castigo.

Quiénes sostienen que el *Compliance* no posee una dimensión ética y que se reduce a la aplicación de procesos y normas, desde nuestro punto de vista dejan de lado que el diseño y aplicación de los procesos y normas sea llevado a cabo por unos sujetos concretos que despliegan una conducta que expresa determinadas virtudes, valores y principios. Además, las propias organizaciones poseen unos valores y principios. Es decir, en términos del actuar humano a propósito del *Compliance* en cualquiera de sus fases, no cabe la neutralidad.

Siendo así, esta aproximación al *Compliance* sigue la propuesta de enfocar el cumplimiento como una construcción social que implica la interacción entre los sistemas formales de cumplimiento y la gestión (estructura), y las percepciones y motivaciones de los individuos en las organizaciones (agencia) dentro de una cierta "cultura de cumplimiento" (Pérezts & Picard, 2015). Estos mismos autores sostienen que el *Compliance se* promulga en lugar de ejecutarse simplemente, y esto implica centrarse en la forma en que se interpreta, negocia y encarna por los actores en el día a día. Todo esto nos obliga a colocar al *Compliance* como una ética aplicada. El *Compliance* es llevar la ética a un ámbito, el de las organizaciones.

1.2. LA DIFERENCIA ENTRE EL *COMPLIANCE*, LA ÉTICA EMPRESARIAL, LA RESPONSABILIDAD EMPRESARIAL Y EL GOBIERNO CORPORATIVO

Ahora, es necesario acudir y revisar otros conceptos cercanos al *Compliance* para diferenciarlos y señalar su vínculo. Dichos conceptos son: responsabilidad empresarial, ética empresarial y gobierno corporativo. Son conceptos que de una forma u otra impactan en el ejercicio ético de las empresas y, por lo tanto, tienen una cercanía con el *Compliance.* Dichos conceptos coinciden primeramente en que poseen un principio de cumplimiento de los deberes y obligaciones ya sean de *hard law* o de *soft law.* El derecho como tal es una ciencia que busca regular la conducta humana que está en constante evolución, su contenido está influenciado por diversos factores como son la tecnología, la moral, la economía y sin importar la visión que se tenga conservadora o liberal en el centro del mismo se encuentra la persona humana, ya que el derecho no puede ser entendido sin ella, sin embargo, existen principios, valores y normas que por su importancia permanecen de una u otra forma o más bien evolucionan.

Siendo así, el primer concepto que hemos anunciado y que analizaremos es el de ética empresarial, para ello partimos primero del concepto general de ética. El Diccionario de la Real Academia de la Lengua nos señala que la palabra ética viene: Del latín *ethĭcus,*y este del griego ἠθικός *ēthikós;*la forma f., del latín Tardío *ethĭca,* y este del griego ἠθική *ēthikḗ*. Y define a la ética como: *Conjunto de normas morales que rigen la conducta de la persona en cualquier ámbito de la vida. Ética profesional, cívica, deportiva o bien como parte de la filosofía que trata del bien y del fundamento de sus valores* (RAE, n.d.).

La ética (filosofía moral), en general ha sido definida como la rama de la filosofía que estudia la conducta humana, lo bueno, lo malo, la moral, el buen vivir, la virtud, la felicidad y el deber, estudia la moral, reflexiona sobre los problemas morales, estudia las acciones de valoración moral libremente realizadas, por eso se dice que es la parte práctica de la filosofía, por tanto, analiza las acciones humanas de y como a través de ellas nos hacemos mejores o peores, y contribuimos a hacer mejores o peores a los demás (Fontrodona et al., 2011).

La ética se encarga de ver si las acciones realizadas por los seres humanos los hacen mejores o peores y ayuda a que los otros sean mejores o peores puesto que toda acción de los seres humanos les deja algo que los va forjando (Fontrodona et al., 2011). La ética no es una ciencia estática, es una disciplina dinámica, así como dinámica es la conducta humana objeto final de su estudio, es decir, el objetivo de la ética es guiar el comportamiento del ser humano en forma individual y en forma colectiva (Esteban Cortés, 2017).

La ética empresarial como tal es una disciplina de reciente aparición, y de acuerdo a Horacio Martínez H., citado por Soyla H. León Tovar, “la ética empresarial es una rama de la ética aplicada, que estudia lo que es moralmente correcto, adecuado; cómo se aplican estándares en las instituciones, las organizaciones y el comportamiento en los negocios;

contiene un conjunto de valores, principios y reglas de comportamiento empresarial, sobre lo bueno y sobre conducir a las corporaciones a la hora de entrar en relaciones con los trabajadores, proveedores y clientes, así como la producción de bienes y servicios. La ética empresarial requiere del aporte de la filosofía, psicología, sociología, de la economía y administración" (León Tovar, 2020). Podemos sintetizar esto diciendo que la ética empresarial hace referencia al bien desde el punto de vista de la empresa. Por ello, se dice que una cultura corporativa enfocada en los valores, un adecuado desempeño profesional y centrada en la ética y la integridad significan el éxito y permanencia de una empresa (Fernández Fernández & Camacho Ibáñez, 2018).

Ahora, la pregunta es si la ética cabe dentro de la empresa, si la vemos desde el punto de vista que por medio de nuestras acciones no solo hacemos cosas si no que nos hacemos a nosotros mismos y contribuimos a la formación de los demás y por ende al desarrollo de la sociedad donde nos desenvolvemos la respuesta debe ser afirmativa, ello implica que la ética empresarial sería una suma de las conductas y valores de quienes la conforman a decir de Fontrodona y Argandoña puesto que si ellas no son éticas la empresa tampoco lo será (Fontrodona et al., 2011). Estimamos que la ética empresarial va más allá de esto, pues debe ser parte de la filosofía de actuación de la empresa en general y no se modificaría substancialmente si sus miembros cambiaran a menos que la dirección de la misma decidiera cambiarla.

Entonces, puede aseverarse que la empresa no está exenta del acto moral, pues se trata de un ente social que tiene comportamientos y actitudes que afectan positiva o negativamente a la comunidad y el entorno natural; en los líderes recae la capacidad de decisión y son ellos quienes deciden por toda la estructura organizacional, por lo tanto, ningún sistema empresarial o de negocios, está exento de responsabilidad moral.

Una buena decisión empresarial debe ser valorada y analizada desde 3 puntos:

a) Criterios económicos, viendo la rentabilidad, riesgo, inversión, atracción de fondos.

b) Criterios de aceptación personal y social.

c) Criterios éticos, en cuanto a los principios y valores que están presentes.

Podemos decir, que la ética es más amplia que el *Compliance* entendido como gestión de riesgo o como mero cumplimiento de la legalidad. "La ética constituye un aspecto esencial tanto del cumplimiento de la legalidad y las normas -*Compliance*- cuanto de la gestión del riesgo (Langevoort, 2015). Pero va más allá de la una y de lo otro, dando sentido a mucho de lo que en cualquiera de los dos ámbitos se realiza" (Fernández Fernández & Camacho Ibáñez, 2018). Dice Patrici Calvo citando a García-Marzá, que la ética empresarial, entendida como una reflexión ético-crítica de la actividad empresarial y cuya tarea principal es "dar razón de los presupuestos morales que conforman y sustentan la legitimidad de la empresa, su razón de ser ante la sociedad, su pretensión de validez o justicia" (Calvo, 2014). De ahí que la ética empresarial estará presente en la empresa siempre, al igual que las acciones de las personas son sujetas a una valoración ética, las acciones en la empresa también. Sostenemos que el *Compliance* es un mecanismo que contribuye al actuar ético de las empresas, aún en aquellos supuestos donde este es considerado como mero cumplimiento normativo. No podemos considerar que una empresa ejerce éticamente si no establece mecanismos que permitan asegurar que se cumple con las normas, en un sentido más amplio, una empresa que asume la ética empresarial buscará desarrollar una cultura de integridad.

Ahora bien, la llamada Doctrina Social de la Iglesia Católica en palabras de Soyla H. León Tovar con las encíclicas *Mater et Magistra* y *Populorum Progressio* es una de las llaves que abre las puertas hacia la ética empresarial rompiendo así los postulados de Milton Friedman que negaban la responsabilidad social de las empresas, es decir, su actuar ético puesto que el fin único de las empresas era generar la mayor riqueza posible (León Tovar, 2020).

De la mano con lo denunciado y buscado a través de la llamada Doctrina Social de la Iglesia Católica se pueden citar como causas del desarrollo o surgimiento de la ética empresarial las siguientes:

a) La falta de confianza de la sociedad en sus instituciones y grandes empresas derivada de la corrupción empresarial, siendo la ética una fuente de reflexión apropiada para con ello identificar la falta de valores como una de las causas.
b) La existencia de una crisis moral, derivada del exacerbado individualismo que junto con el multiculturalismo, consecuencia de

la globalización, surgiendo muchos puntos de vista morales que parecían no tener relación, lo que hizo que algunas empresas comenzaran a preocuparse por los valores y la normatividad.

c) Los cambios en los sistemas jurídicos que traen mayores exigencias sobre la responsabilidad financiera ya que el comportamiento moral facilita el cumplimiento de lo jurídico.

d) La gran participación de la sociedad civil de la mano de la pérdida de poder de actuación de los estados sobre la actividad económica, tomando mayor auge mecanismos de coordinación propios de la sociedad civil —relacionados con la ética— y un descenso proporcional y significativo del poder de los estados y sus mecanismos tradicionales de control y coordinación —relacionados con el derecho (Calvo, 2014). Es decir, la necesidad de un actuar ético responde a una exigencia social a través del *soft law* por medio de principios y valores éticos que por la razón que sea no se encuentran inmersos o reflejados en la legislación, también debemos aclarar que si bien es conveniente que parte de esos valores y principios se encuentren dentro de las normas jurídicas, lo cierto es que no toda la ética o moral debe estar contenida en las mismas puesto que algunas de estas normas no tienen un contenido moral ni deben tenerlo.

Entonces se puede afirmar como lo hace Patrici Calvo que la ética empresarial se ha consolidado como un saber práctico y aplicado que busca reconstruir los presupuestos normativos subyacentes a la legitimidad de la actividad económica para, desde ahí, justificar o no las acciones, comportamientos y decisiones de las instituciones, organizaciones, empresas o agentes económicos implicados (Calvo, 2014). Toda acción empresarial debe ser analizada bajo los siguientes ejes: el económico, que mira hacia la rentabilidad y el riesgo inversión; el de la aceptación personal y social, y el ético para determinar si las mismas siguen principios y valores éticos (Fontrodona et al., 2011).

La ética empresarial propicia una mejor relación de la empresa con su entorno, con los llamados grupos de interés o *stakeholders*; aplica a los negocios principios éticos ya que además de producir resultados económicos las empresas tienen obligaciones sociales, generar una cultura basada en valores pues lo ético va más allá de ajustarse a lo legal puesto que a veces existe un divorcio entre uno y otro (Esteban Cortés, 2017).

La ética empresarial ayuda a que se tomen las mejores decisiones lo que se facilita si las personas que las toman son éticas que estén en capacidad de decidir correctamente en caso de conflicto. Sin embargo, la ética empresarial busca crear el andamiaje adecuado dentro de la empresa para evitar que quiénes tomen las decisiones puedan caer en la tentación de tomar decisiones no éticas. No se trata de crear un código de prohibiciones, lo que se conoce como ética negativa, sino que sea más propositiva, es decir, que ayude a tomar decisiones correctas (Esteban Cortés, 2017).

Para que la ética empresarial sea efectiva en una empresa, el diseño organizacional de la empresa debe ser tal que permita su conocimiento y esta permee en todos sus integrantes, es decir, no debe quedar en un apostolado de principios y valores que nadie cumpla, porque la empresa no es un entorno neutro. Lo anterior se logra, en primer lugar, mediante la expedición de Códigos de Ética y de Códigos de Conducta, que a decir de la Doctora Soyla H. León son cosas distintas, los primeros deben citar principios y valores conforme a los cuales debe dirigirse el comportamiento y las actividades empresariales sin referirse a situaciones o conductas concretas y los códigos de conducta se refieren a conductas concretas, es común ver que ambos conceptos se fusionen en un solo código que será entonces un código ético y de conducta sin importar la denominación dada.

Para la elaboración de los códigos de conducta se sugiere que la empresa responda los siguientes cuestionamientos: ¿Cuáles son las principales leyes y reglamentos aplicables a nuestra organización? ¿Qué ha ido mal en el pasado? ¿Qué más puede fallar? ¿Qué orientación debemos ofrecer a nuestros empleados? ¿Dónde hay zonas grises? ¿Qué necesitamos aclarar o confirmar? (*Ethics&Compliance Iniatitive*, n.d.).

Las decisiones éticas conllevan el reconocimiento y respeto de los principios, valores y normas morales que en general son aceptados por la sociedad, y cuando las empresas ya sean grandes o pequeñas asumen el compromiso de actuar éticamente, significa esto que las decisiones que tomen deberán ser las mejores desde el punto de vista de la responsabilidad con la sociedad, porque de lo contrario como lo explicó Keneth Dayton (Esteban Cortés, 2017) "Si el negocio no sirve a la sociedad la sociedad ya no tolerará nuestras ganancias, o nuestra existencia siquiera" (Esteban Cortés, 2017).

En este contexto, el segundo de los conceptos que trataremos de delimitar es el de responsabilidad empresarial. La responsabilidad empresarial forma parte de la ética empresarial. Por lo tanto, es común al acercarse a dicha temática que aparezca el concepto de responsabilidad social de la empresa (RSE) o algún otro concepto relacionado con esta como puede ser la responsabilidad social corporativa. Responsabilidad social de la empresa y responsabilidad corporativa evocan a un tipo de responsabilidad que tiene la empresa, en concreto con la sociedad, en qué sentido y el alcance de esta, lo explicamos en líneas posteriores. Es de tal trascendencia el concepto de responsabilidad social de la empresa que el autor Rivero Torres citado por Manuel Ruiz Muñoz sostiene que la responsabilidad social de la empresa busca implantar la ética empresarial, como una forma, una actitud y un modo de hacer el negocio mismo, pues sostiene que los clientes y la sociedad buscan no solo la calidad de los productos o servicios, sino el comportamiento ético en todo el proceso productivo (Ruiz Muñoz, 2011). Desde nuestra perspectiva, la ética empresarial no se puede reducir a la RSE, como tampoco se puede agotar en el *Compliance.* Siendo así, RSE y *Compliance* son dos facetas en las que se concreta la ética empresarial, complementarias y que buscan desarrollar una cultura de integridad dentro de la empresa.

El concepto de RSE ha evolucionado en los últimos años a la par que las prácticas dentro de la empresa consideradas en ese sentido. Martínez, R., Vera, M., & Vera, J.,(2015) proponen que la RSE sea considerada como una estrategia voluntaria de las empresas para incorporar preocupaciones sociales y ambientales: "Las diversas definiciones de RSE formuladas por diferentes organismos e instituciones y desde diversos ámbitos –académico, gubernamental, empresarial– destacan la consideración de la Responsabilidad Social Empresarial como una estrategia voluntaria, la incorporación de preocupaciones sociales y ambientales a la gestión empresarial y su relación con la ética. Desde los años noventa, la responsabilidad social se integra en el discurso sobre la ética de la empresa, Surgiendo el concepto de 'empresa ciudadana' o 'empresa socialmente responsable´ (Martínez, R., Vera, M., & Vera, J., 2015).

De acuerdo a Taquia (2006), el Banco Interamericano de Desarrollo define la RSE como las prácticas empresariales que constituyen parte de la estrategia corporativa, pero son complementarias al negocio, las cuales evitan efectos negativos o generan beneficios para los grupos participantes como los clientes, empleados, accionistas, comunidad y entorno. Dichas prácticas son de carácter voluntario y no impuesto por leyes o regulaciones, por ello se ha dicho que "la Responsabilidad Social Empresarial (RSE) se considera como un pilar que integra principios, valores, bienestar de los trabajadores, de la comunidad y el respeto por el medio ambiente, que permite construir la plataforma estratégica de las empresas independientemente del sector al que pertenezcan" (Cortés et al., 2018).

Existen muchas definiciones de lo que es responsabilidad social, una de dichas definiciones sobre la que existe cierto consenso es a la que hace referencia (Cajiga Calderón, n.d.) cuando señala que "es el compromiso consciente y congruente de cumplir integralmente con la finalidad de la empresa, tanto en lo interno como en lo externo, considerando las expectativas económicas, sociales y ambientales de todos sus participantes, demostrando respeto por la gente, los valores éticos, la comunidad y el medio ambiente, contribuyendo así a la construcción del bien común". Por otra parte, hay que tener en cuenta que la responsabilidad social no es hacer acciones filantrópicas ni actividades de relaciones públicas, puesto que las primera solo son hechos aislados y momentáneos por los cuales no se busca tener un retorno y las segundas son como la empresa se da a conocer y se posiciona frente a la sociedad y coadyuva a demandas de esta, pues solo se relaciona con lo que es del interés de la sociedad. Tampoco la RSE se refiere de forma exclusiva a prácticas éticas o ambientales exclusivamente (Cajiga Calderón, n.d.). "La RSE es *per se* un concepto complejo que incorpora la acción social de la empresa, la sustentabilidad, el medio ambiente, las relaciones internas con sus empleados, sus competidores y sus clientes, además de la integración de los grupos o clases menos favorecidas, las implicaciones de equidad de género y el compromiso para atender los problemas sociales del entorno donde operan" (Gaytán Ramírez & Flores Villanueva, 2018).

Aguilera & Puerto definen a la responsabilidad social de la empresa o responsabilidad social corporativa, como el compromiso que adquieren las empresas con la comunidad, que garantiza el equilibrio entre la búsqueda de la rentabilidad y la retribución a la sociedad de la cual obtiene sus beneficios. (Esteban Cortés, 2017) sostiene que esto se ve reflejado en los actos que la empresa lleva a cabo para gestionar el impacto que genera su negocio entorno a las exigencias de los grupos de interés o *stakeholders,* lo cual genera una relación de confianza. Por

Responsabilidad Social Empresarial (RSE) se entiende una "(...) nueva forma de gestión y de hacer negocios, en la cual la empresa se ocupa de que sus operaciones sean sustentables en lo económico, lo social y lo ambiental, reconociendo los intereses de los distintos grupos con los que se relaciona y buscando la preservación del medio ambiente y la sustentabilidad de las generaciones futuras" (Cajiga Calderón, n.d.). Una vez que se tiene claridad sobre la responsabilidad social, es necesario que dicho concepto se incorpore a los procesos de gestión para que forme parte de las estrategias de negocio y sistemas de planeación interna (Cajiga Calderón, n.d.).

Respecto a la RSE las empresas han tomado diversas posturas como lo señala (Bermudez & Mejías, 2018), quienes establecen tres: en primer lugar, la de gestión de riesgo cuando esta no se incorpora a la misión, visión y valores y que por lo tanto es considerada episódica. En segundo lugar, establecen la RSE integrada que consiste para los autores en la RSE que se usa como estrategia y donde hay diálogo con las partes interesadas. Por último, la RSE ciudadana cuando es integrada a la misión, visión y valores, a la cadena de valor y el liderazgo, según los autores citados. Como añaden los autores, la clasificación es orientativa, toda vez que hay cierto grado de dificultad para clasificar a una empresa con todas sus operaciones en una de las tres clasificaciones que establecen, los mismos autores advierten que también hay que considerar la ubicación geográfica de la empresa y el sector donde se desenvuelve (Bermudez & Mejías, 2018).

La literatura clasifica las dimensiones externas e internas de la RSE. Por lo que respecta a las dimensiones externas aparecen la responsabilidad social, la responsabilidad económica, la responsabilidad medioambiental (dimensión ecológica interna, dimensión ecológica externa). A partir de estas se elaboran estrategias específicas. Por lo tanto, hay cuatro ámbitos: Ética y gobernabilidad empresarial; calidad de vida en la empresa, vinculación y compromiso con la comunidad y su desarrollo; cuidado y preservación del medio ambiente.

Es necesario mirar a la responsabilidad social corporativa como un compromiso moral reflexivo sobre el papel de la empresa para con la sociedad, lo que conlleva integrar criterios socialmente responsables en sus procesos, operaciones y toma de decisiones y generar beneficios para los grupos de interés, no se trata solo de cumplir con la normatividad y las leyes aplicables, se trata de crear una cultura de integridad seguida de una cultura de la legalidad. Esto es así porque como señala (Sarmiento del Valle, 2011), la responsabilidad social corporativa no es una acción individual de cada uno de los miembros de la empresa si no la realización de actividades que han sido delineadas previamente por la empresa como parte de su gestión estratégica en las cuales se resaltan los valores sociales de la empresa, variando su contenido y la forma de hacerlo de acuerdo al tipo de empresa, sus condiciones y su entorno.

Pero quienes son los grupos de interés o *stakeholders* de las empresas, sin los cuales no es posible explicar la Responsabilidad Social, no son si no aquellos grupos que tienen un punto de contacto con las actividades de la empresa y que pueden agruparse en:

a) Clientes: de quienes se debe saber su grado de satisfacción para poder generar estrategias para su retención, atracción de más y crear fidelidad.
b) Empleados: de quienes se debe buscar su productividad e involucrarlos en el proceso, buscando estrategias para identificar el talento al interior de la misma e involucrarlos en programas para su desarrollo y crecimiento profesional, conviertiéndose en lugar objetivo para trabajar.
c) Sociedad: cuando la empresa desarrolla proyectos que tienen un impacto social fuera de la empresa, pues así la empresa incrementará su reputación, por eso se dice que la reputación derivada de una real responsabilidad social empresarial es un activo intangible que las empresas deberán proteger y acrecentar (Esteban Cortés, 2017).
d) Accionistas: no cabe duda que el principal compromiso es generar utilidades para poder repartir dividendos, ya lo decía Milton Friedman que la única responsabilidad social corporativa es la maximización de sus beneficios (*Responsabilidad Social de La Empresa*, n.d.), ser una empresa socialmente responsable genera un vínculo de confianza con los inversionistas. Aunque nuestro planteamiento es que la responsabilidad de la empresa va más allá de generar el mayor beneficio a los accionistas.

La anterior no es la única clasificación, existen diversas clasificaciones de los grupos de interés, por su parte, Cajiga hace referencia a siete y señala que pueden agruparse en tres grandes rubros: (1) cosustanciales: inversionistas y asociados (2) contractuales que incluye a los proveedores, clientes o consumidores, directivos y empleados (3) contextuales "son aquellos que desempeñan un papel fundamental en la consecución de la credibilidad necesaria para las empresas, y en último término, en la aceptación de sus actividades (licencia para operar); pueden incluir autoridades gubernamentales y legislativas, en virtud del entorno regulatorio y legal; organizaciones sociales y comunidades en las que opera la empresa, en virtud de su imagen pública y credibilidad moral; competidores, en virtud del entorno del mercado; y el medioambiente, en virtud de la sustentabilidad de los recursos presentes y futuros" (Cajiga Calderón, n.d.).

Lograr ser una empresa socialmente responsable parte del liderazgo, es decir, los líderes que están en la punta de la pirámide deben estar comprometidos real y efectivamente con esta y conocer hacia donde se dirige para así poder lograr el compromiso de todos los que conforman la empresa, ya que ello conlleva a fomentar el desarrollo sostenible y el estado social de derecho, porque la empresa se vuelve capaz de conocer sus necesidades y las de la sociedad, pues como señala Bowen en su libro *Social Responsibilities of the Businessman* existe un gran papel que tienen los empresarios en la sociedad y que sus decisiones tienen un gran efecto en la vida de quienes se encuentren dentro y fuera de su entorno" (Hernandez Palma et al. 2020). "No obstante, la responsabilidad social empresarial cuando no se fundamenta en decisiones éticas de la empresa, puede llegar a no ser auténtica sino utilizada como un factor de apoyo por parte de los consumidores y de la lealtad de sus empleados, pero en realidad sus acciones y sobre todo los objetivos ocultos de la empresa demuestran que no hay un verdadero compromiso, pues realmente la empresa no está basando sus decisiones en soportes éticos (*La etica empresarial y su impacto en la productivad de las pymes*, n.d.).

Para Bazan Cea, Morena Olías y Cortés Soriá los pilares de la Responsabilidad Social Corporativa son la ética empresarial y el buen gobierno corporativo, con lo cual podemos entender que éstos son contenidos dentro de ésta y no al revés, lo cual tiene sentido puesto que un buen gobierno corporativo debe ser éticamente responsable y ser éticamente responsable implica generar valor económico y valor social al mismo tiempo.

David Bevan considera que la responsabilidad social empresarial debiera existir cuando varios individuos trabajan y quieren desde luego la responsabilidad que se genera con el *Compliance* desde el punto de vista legal, ya que constituye la oportunidad de hacer algo mejor o nuevo y el rechazo a hacer algo mal (Bevan, 2010). En los últimos años se ha popularizado el distintivo que reconoce a las empresas socialmente responsables. "La obtención del distintivo es la consecuencia de la implantación de una gestión socialmente responsable en cuatro ámbitos de la responsabilidad social empresarial, (RSE) que son: a) calidad de vida en la empresa, b) ética empresarial, c) vinculación de la empresa con la comunidad y, d) cuidado y preservación del medio ambiente" (Martínez, R., Vera, M., & Vera, J. 2015).

En este sentido, la RSE, dice Santiago Rivero del Valle se vuelve un proceso del que forman parte sus terceros interesados (*stakeholders*) y en la cual es fundamental la planeación estratégica, y en caso de no hacerlo así se pone en riesgo su supervivencia (Sarmiento del Valle, 2011). Cierto es que desde que nacen las empresas buscan generar utilidades o rendimiento para sus accionistas (riqueza), sin embargo, su papel ya no es solo el de generar riqueza si no que tienen ahora un papel social para con el desarrollo de la cultura, de la innovación tecnológica, la investigación científica, cuidado y fortalecimiento de los derechos humanos, pues la empresa también es titular de derechos humanos (Véase Tesis de la Primera Sala de la SCJN exp varios), siendo así Clara Bazaán, Jesús de la Morena y Hernán Cortés señalan que hay que recuperar el concepto de "empresa ciudadana", que actúa y se relaciona con los demás ciudadanos y el gobierno (Fernández Fernández & Camacho Ibáñez, 2018). "En un mundo como el actual – híper conectado e híper transparente-, el papel de la empresa ya no está tan claro y definido como antes, la sociedad demanda de ella un compromiso mayor con el entorno en el que opera, en la defensa de los derechos humanos y en la preservación del planeta y, además, mayor transparencia en su gestión" (Fernández Fernández & Camacho Ibáñez, 2018), puesto que a decir de Guédez "los derechos humanos son consustanciales a la RSE, porque forman parte de su origen y su finalidad. Al aceptar que el origen de la RSE es la ética, también se admite que ella se inscribe en los derechos humanos", que a su vez sostiene es la finalidad de la RSE en constante progresión (Guédez, 2009).

El capítulo IV de los Principios de Gobierno Corporativo del G20, denominado el papel de los actores interesados en el ámbito del gobierno corporativo, establece el siguiente principio general: "El marco de gobierno corporativo reconocerá los derechos de los actores interesados que disponga el ordenamiento jurídico o se estipulen de mutuo acuerdo y fomentará la cooperación activa entre éstos y las sociedades con vistas a la creación de riqueza y empleo, y a la sostenibilidad de empresas sólidas desde el punto de vista financiero, reconociendo simplemente que las empresas no solo deben buscar generar riqueza si no que deben tener un efecto social de bienestar.

En concordancia con lo señalado en el párrafo anterior, en el capítulo primero del Código de Principios y Mejores Prácticas del Consejo Coordinador Empresarial en su tercera versión revisada de 2018 se hace énfasis en la responsabilidad social de la empresa al señalar que la conducción honesta y responsable, el desempeño, la eficiencia y la permanencia de la sociedad son de interés público y privado. En su capítulo segundo refiriéndose al gobierno corporativo establece dentro de los principios que debe tener un buen sistema de gobierno, dos que hacen referencia a la RSE, el primero de ellos habla sobre la generación de valor económico y social considerando a los terceros interesados (*stakeholders*) en un buen desempeño, estabilidad y permanencia de la empresa (principio 2) el segundo hace referencia a una conducción honesta y responsable (principio 4).

Por otra parte, existen infinidad de conceptos de lo que es la responsabilidad social corporativa, de acuerdo a la visión con la que se la mire, desde nuestro punto de vista, la RSE consiste en que el desarrollo de la actividad de la empresa, es decir, su proceso productivo sin dejar de generar utilidades, tenga un enfoque no solo cumplimiento normativo, si no ético que genere beneficios tanto al interior de su organización como al exterior. Esto es así, puesto que el Libro Verde, de la Comunidad Europea, relaciona la RSE con una integración voluntaria en busca de soluciones sociales y medio ambientales, considerando su relación con sus *stakeholders* (Sarmiento Del Valle, 2011).

Hay quienes restan importancia a la RSE y junto a ella obviamente a la ética empresarial, pues consideran que el derecho mercantil o de las empresas tiene como único objetivo generar utilidades hacia los socios o accionistas de las mismas, entre ellos, Miguel Ruiz Muñoz (2011), quien señala que cuando las acciones empresariales son conformes a la moral, no se hacen desinteresadamente, sino por interés, porque les traen un beneficio y la moral dice es desinteresada, y entonces dejan de tener cualquier valor moral, porque el objetivo de dichas acciones conforme a la moral, es generar mayores utilidades a la empresa o bien mejorar su imagen y sostienen que el actuar moralmente es cuando actuamos conforme a lo debido sin importar nuestras preferencias o intereses. No obstante, es importante tener presente que muchas normas jurídicas tienen su origen en normas o principios morales o éticos o bien están íntimamente relacionadas con ellos, es decir que el derecho y la moral tienen una relación muy estrecha por más que se niegue.

Una vez que hemos establecido qué es la ética empresarial y la RSE, seguiremos con el gobierno corporativo. Para entender qué es el gobierno corporativo es necesario acudir a sus fuentes, entre ellas, Los Principios de Gobierno Corporativo del G20 y de la Organización para la Cooperación y el Desarrollo Económico (OCDE), el cual es un instrumento para que los legisladores puedan mejorar los marcos legislativos de sus países, con tres objetivos: (1) favorecer la eficiencia económica (2) la estabilidad financiera y (3) el crecimiento económico sostenible (Organización de Cooperación y de Desarrollo Económico, 2016).

Los Principios de Gobierno Corporativo fueron publicados en 1999 y se encuentran "(...) entre las Normas Fundamentales de los Sistemas Financieros Sólidos del Consejo de Estabilidad Financiera (FSB, por sus siglas en inglés) y constituyen la base de los informes relativos a la observancia de códigos y normas (IOCN) del Banco Mundial en el área del gobierno corporativo. Sufrieron una segunda revisión en 2014 y 2015 a partir de la versión de 2004. Esta revisión buscaba la transparencia, rendición de cuentas, supervisión y respeto a los derechos de los accionistas y de los principales actores interesados. Estos principios fueron aprobados por el Consejo de la OCDE el 8 de julio de 2015 y por la cumbre de líderes del G20 el 15 y 16 de noviembre de 2015, posteriormente, se evaluó la implementación de los principios revisados. "Los Principios identifican claramente los cimientos de un buen gobierno corporativo y ofrecen una orientación práctica para su aplicación a nivel nacional" (Organización de Cooperación y de Desarrollo Económico, 2016). Es importante señalar que los principios van dirigidos a empresas cotizadas financieras y no financieras, sin embargo, pueden ser aplicables a las empresas no cotizadas precisamente por su carácter de principios.

Estos principios, nos explican qué se entiende por gobierno corporativo. "El gobierno corporativo de una sociedad implica el establecimiento de un conjunto de relaciones entre la dirección de la empresa, su consejo de administración, sus accionistas y otros actores interesados. El gobierno corporativo proporciona también la estructura a través de la cual se fijan los objetivos de la sociedad y se determina la forma de alcanzarlos y supervisar su consecución" (Organización de Cooperación y de Desarrollo Económico, 2016). Los principios son importantes, en temáticas específicas vinculadas con el *Compliance*, por ejemplo, en las prácticas anticorrupción. "También se toman en cuenta en los Principios otros factores que influyen en el proceso de toma de decisiones de una empresa, como el medio ambiente, la ética empresarial o las prácticas anticorrupción, aunque se traten de una forma más específica en otros instrumentos como las *Líneas Directrices de la OCDE para Empresas Multinacionales,* el *Convenio de Lucha contra la Corrupción de Agentes Públicos Extranjeros en las Transacciones Comerciales Internacionales,* los *Principios Rectores sobre empresas y derechos humanos de la Naciones Unidas* y la *Declaración de la OIT relativa a los principios y derechos fundamentales en el trabajo,* mencionados en los *Principios"* (Organización de Cooperación y de Desarrollo Económico, 2016).

El gobierno corporativo presenta múltiples beneficios, entre ellos, que es un mecanismo que genera confianza. "Aun cuando las empresas no dependan principalmente del capital extranjero, un marco de gobierno corporativo creíble, sustentado por mecanismos de control y supervisión eficaces, ayuda a aumentar la confianza de los inversores nacionales, reduce el coste del capital, mejora el buen funcionamiento de los mercados de capitales y, en última instancia, atrae fuentes de financiación más estables" (Organización de Cooperación y de Desarrollo Económico, 2016).

No existe un único modelo, existen los principios comunes que no son vinculantes. Solo identifican objetivos y se propone como alcanzarlos. "(...) proporcionan la base de valoración del componente del gobierno corporativo incluido en los Informes relativos a la observancia de códigos y normas del Banco Mundial" (Organización de Cooperación y de Desarrollo Económico, 2016). "Los Principios se dividen en seis capítulos: I) Consolidación de la base para un marco eficaz de gobierno corporativo; II) Derechos y tratamiento equitativo de los accionistas y funciones de propiedad clave; III) Inversores institucionales, mercados de valores y otros intermediarios; IV) El papel de los actores interesados en el ámbito del gobierno corporativo; V) Divulgación de información y transparencia; VI) Las responsabilidades del Consejo de Administración" (Organización de Cooperación y de Desarrollo Económico, 2016).

El marco del gobierno corporativo está integrado por "leyes, reglamentos, sistemas de autorregulación, compromisos voluntarios y prácticas empresariales que son consecuencia de las circunstancias, la historia y la tradición específica de los países" (Organización de Cooperación y de Desarrollo Económico, 2016). "Los objetivos en materia de gobierno corporativo también se formulan en códigos y normas de carácter voluntario que carecen de rango de ley o de reglamento. Estos textos desempeñan un papel importante en la mejora de los sistemas de gobierno corporativo, pero su categoría o aplicación puede causar incertidumbre a los accionistas y otros actores interesados. Cuando se utilizan códigos y principios como norma nacional o como complemento de disposiciones legislativas o reglamentarias, la credibilidad del mercado exige que se especifique claramente su ámbito de aplicación, su fuerza vinculante y las posibles sanciones por inclumplimientos" (Organización de Cooperación y de Desarrollo Económico, 2016).

Además de los estudios académicos publicados que hacen referencia a la ética empresarial, a la responsabilidad empresarial, al *Compliance* y el impacto del gobierno corporativo en estos temas, hay una serie de instrumentos legales donde estas temáticas son reguladas. Por otro lado, se han impulsado medidas para la promoción de estas temáticas que, sin tener el carácter de ley, son un referente en la materia. En tal sentido, consideramos que un listado que al abordar el *Compliance* debemos tener en consideración lo siguiente:

Leyes:

a) Constitución Política de los Estados Unidos Mexicanos
b) Ley General del Sistema Nacional Anticorrupción
c) Ley Nacional de Extinción de Dominio
d) Ley General de Responsabillidades Administrativas
e) Código Nacional de Procedimientos Penales
f) Código Penal Federal
g) Ley Orgánica del Tribunal Federal de Justicia Administrativa

h) Ley de Fiscalización y Rendición de Cuentas de la Federación
i) Ley Orgánica de la Procuraduría General de la República (hoy Fiscalía General de la República)
j) Ley Orgánica de la Administración Pública Federal
k) Ley de la Fiscalía General de la República

Normatividad Internacional:

a) Convención de las Naciones Unidas contra la Delincuencia Organizada Transnacional
b) Convención de las Naciones Unidas contra la Corrupción
c) Convención Interamericana contra la Corrupción

Estados Unidos:

a) Ley de Prácticas Antisoborno en el Extranjero, *Foreign Corrupt Practices Act* (FCPA).
b) US Federal Sentencing Guidelines
c) Sarbanes-Oaxley Act
d) Dodd-Frank Wall Street Reform and Consumer Protection Act

Instrumentos:

a) Programa anticorrupción de ética y cumplimiento para las empresas de la Oficina de las Naciones Unidas contra la Droga y el Delito
b) Código de Integridad y Ética Empresarial elaborado por el Consejo Coordinador Empresarial
c) Manual de Integridad elaborado por el Consejo Coordinador Empresarial
d) Código de Mejores Prácticas Corporativas

De lo que hemos comentado previamente, consideramos que hay una clara distinción entre ética empresarial, *Compliance*, responsabilidad social y gobierno corporativo. El *Compliance* y la responsabilidad social, son elementos de la ética empresarial que son impulsados a través del gobierno corporativo. La ética empresarial es asumida de forma general en la empresa al hacer referencia a la integridad empresarial.

En tal sentido, podemos decir, que se asumen como sinónimos ética empresarial e integridad empresarial. El Código de Integridad y Ética Empresarial, no define qué se entiende por integridad. Sin embargo, de su lectura se desprende que es una cultura: “La corrupción se presenta tanto en el sector público como en el privado; por ello, es indispensable impulsar una cultura de integridad empresarial” (Consejo Coordinador Empresarial, 2018). En tal sentido, hace referencia a programas, políticas, procedimientos. Los 10 principios que integran el código, son recomendaciones precisas para que las empresas desarrollen esa cultura de integridad. Por otra parte, llama la atención la transparencia como condición necesaria para prevenir la corrupción.

1. Principio prohibición a la corrupción.
2. Principio transparencia.
3. Integridad en las inversiones y en las relaciones de negocios.
4. Transparencia en la prohibición de aportaciones con fines políticos.
5. Libertad en la participación política de los colaboradores.
6. Responsabilidad en la política para evitar la corrupción; existencia de controles de verificación.
7. Compromiso con la cultura de la integridad y honestidad en los negocios.
8. Desarrollo de programas de integridad
9. Sistemas de denuncia y confiabilidad.
10. Seguimiento y fomento de la integridad y transparencia en los negocios.

Lo que ha impulsado el desarrollo de una cultura de integridad en las empresas que, básicamente se entiende como una lucha anticorrupción, la cual, entre otras cosas se debe a tres factores (1) consenso internacional de reprimir actos de corrupción (2) principios de buen gobierno corporativo que consisten en controlar riesgos de infracción legal y desarrollo de programas de cumplimiento normativo (3) tendencia de regular la responsabilidad penal de las empresas (García Cavero, 2016).

Se habla de integridad empresarial y quizá el primer cuestionamiento es la propia definición de integridad. Íntegro es un adjetivo que de acuerdo a la Real Academia de la Lengua Española se usa para referirse a una persona, recta. Por probidad se entiende honradez. Honradez significa rectitud de ánimo, integridad en el obrar. La integridad se percibe como un valor universal, un elemento que permite reducir la corrupción, sin embargo, hay necesidad todavía de entender su alcance y se requiere profundizar en acciones precisas para que sea una realidad dentro de las organizaciones.

2.
Antecedentes en el Derecho Anglosajón

Una vez que hemos distinguido el concepto de *Compliance* de otros conceptos y que hemos explicado su alcance dentro de la ética empresarial y la cultura de integridad, en este apartado explicaremos los antecedentes hasta su inclusión en México en el marco jurídico, además el esfuerzo de su inclusión en la cultura organizacional, principalmente de las grandes empresas. El *Compliance* tiene su origen en el Derecho Anglosajón. En tal sentido, partiremos de una aproximación a dicha figura en los Estados Unidos donde su origen se remonta a los años setentas, cuando investigaciones del Congreso Federal y de la *Security and Exchange Comission (SEC)*, descubrieron movimientos ilegales que ascendían a más de 300 millones de dólares que eran destinados por las empresas a funcionarios extranjeros y que no aparecían registrados en sus balances (Rafael Banchio, 2020). Sumado a esto, en 1977 el caso Lockheed que implicó que el Senado de Estados Unidos investigara actos de corrupción donde intervinieron oficiales de la compañía pagando sobornos que ascendían en total a 22 millones de dólares y en la que se veían involucrados políticos de Alemania Occidental, Holanda, Italia, Japón fue lo que motivó la ley federal *Foreign Corrupt Practices Act* (FCPA) que sanciona penalmente a las empresas por llevar a cabo prácticas corruptas para realizar o conservar negocios en otros países y ocultarlo en sus hojas de balance.

En 1977 por medio de la Organización para la Cooperación y el Desarrollo Económico (OCDE) se firmó el convenio contra la corrupción de agentes extranjeros en las transacciones comerciales internacionales. En 1984, en el Congreso de los Estados Unidos se aprobó la *Sentencing Reform Act* y fruto de esto aparece la doctrina del *Respondant Superior.* "Conforme a él, serán penalmente responsables por los delitos cometidos por sus empleados o agentes siempre que estos se cometan en el ámbito de sus competencias y con la intención de beneficiar a la entidad; y ello aun cuando esta última hubiera implementado algún tipo de programa de cumplimiento destinado a prevenir y detectar la comisión de infracciones penales en su seno" (Rafael Banchio, 2020).

Por otra parte, los ahora ampliamente difundidos programas de cumplimiento, son resultado de que en 1991 se publicó el Manual de lineamientos (*Guidelines Manual*) por la *United States Sentencing Comission.* El manual de lineamientos establece para las organizaciones societarias: "(...) contar con un programa de cumplimiento efectivo posibilitará la reducción de penas y ofrece incentivos a las personas jurídicas para prevenir, detectar y castigar conductas delictivas mediante un programa de *Compliance* efectivo". Con dicha disposición surge la figura del Oficial de Ética y Cumplimiento (CECO: *Chiefs Ethics and Compliance Officer).*

Por otra parte, *Internal Control Integrated Framework* la Guía para el diseño, implementación y evaluación de controles internos fue publicada en 1992 por el Comité de Organizaciones Patrocinadoras de la Comisión Treadway, dicha comisión data de 1985 e integra a representantes de organizaciones contables, entre ellas la Asociación Americana de Contabilidad (AAA), el Instituto Americano de Contadores Públicos Certificados (AICPA), los Ejecutivos de Finanzas Internacional (FEI), el Instituto de Auditores Internos (IIA) y la Asociación de Contadores Administrativos (AMI) (Rafael Banchio, 2020).

La siguiente regulación internacional fue en 1997 con la firma de la Convención Anticorrupción por parte de los miembros de la Organización para la Cooperación y el Desarrollo Económico (OCDE) en la cual se penaliza el soborno a funcionarios extranjeros. Se aprobó el 17 de diciembre de 1997 la Convención contra el Soborno Transnacional de la Organización para la Cooperación y el Desarrollo Económico (Convención sobre la Lucha contra el Cohecho de Funcionarios Públicos Extranjeros en las Transacciones Comerciales Internacionales).

2.1. LA US FEDERAL SENTENCING GUIDELINES

La *Sentencing Reform Act* de 1984 en especial su Título II *(Title II of the Comprehensive Crime Control*) se refiere a un control exhaustivo del crimen y prevé el desarrollo de directrices a nivel federal para la imposición de penas, cuyos objetivos son disuadir, incapacitar legalmente, aplicar una pena justa y rehabilitar, su desarrollo fue delegado en la Comisión de Sentencias que es un organismo judicial independiente encargado de establecer directrices, políticas y prácticas para el sistema federal de justicia criminal que busca asegurar la justicia por medio de sentencias adecuadas para los criminales convictos de crímenes federales en los Estados Unidos. Lo anterior, mediante un mecanismo racionalizado del proceso de sentencias, ya que instruye como deberán ser tomadas las determinaciones, ello mediante la categorización de las conductas criminales y las características del agresor.

El capítulo 8 de las guías o directrices nace como respuesta a la sección 805 (a) (5) de la Ley Sabarnes-Oxley 2002, con el objetivo de desincentivar la mala conducta en las organizaciones o en su caso castigarla, para éstas, el punto de partida es la debida diligencia con la que cuenten las organizaciones para prevenir y detectar conducta criminal donde tendrán responsabilidad, lo cual tiene una relación directa con las penas a imponer o la puesta a prueba cuando una organización sea sentenciada y condenada por una ofensa criminal.

El punto central es un Programa Efectivo de *Compliance* y Ética donde la organización basada en la razonabilidad (entendida como lo que sea adecuada según el sector, entorno y tamaño la de empresa) deberá:

a) Tener debida diligencia para prevenir y detectar conducta criminal.
b) Fomentar la cultura ética y el compromiso de cumplir la ley.

El programa debe ser diseñado, implementado y aplicado de forma razonable para que sea efectivo reconociendo también que, el que exista algún error en prevenir o detectar conductas criminales no significa que el mismo no sea efectivo. La guía hace las siguientes definiciones:

a) Programa de *Compliance* y ética, el diseñado para prevenir y detectar conductas criminales.
b) Responsable del Gobierno, el Consejo Directivo y en caso de no tenerlo el cuerpo de gobierno de más alto nivel en la organización.
c) Personal de alto rango o personal con autoridad substancial que tienen control sobre la organización o tienen un papel substancial para dirigir la política dentro de la organización como son directores u oficiales ejecutivos a cargo de grandes negocios con intereses o poder substancial bajo cuya autoridad se actúa en la organización.
d) Agentes, cualquier individuo incluyendo directamente al oficial, empleado o contratista que pueda actuar a nombre de la organización.

e) Estándares y procedimientos, son aquellos estándares de conducta y controles internos capaces de reducir las probabilidades de la existencia de conductas criminales.

Para lo anterior, las guías señalan que la organización deberá:

a) Establecer estándares y procedimientos para prevenir y detectar conductas criminales.
b) El órgano de gobierno de las organizaciones deberá conocer el contenido y operación del programa de *Compliance* y ética, vigilar su implementación y efectividad.
c) El personal de alto rango debe asegurarse que se cuente con un programa de *Compliance* y ética efectivo y conocerlo asignando a individuos específicos de preferencia la implementación, operación y efectividad del mismo, quienes se harán cargo en el día a día y, quienes deberán reportar de forma periódica al de mayor rango o al órgano de gobierno o bien a una comisión del mismo sobre la efectividad del programa, asignándose a dicho personal de *Compliance* y ética los recursos adecuados, autoridad suficiente y acceso al órgano de gobierno o a una comisión de este. Además, dicho personal deberá ser experto en el contenido del programa de *Compliance* y ética, y deberá desarrollar sus actividades con la diligencia debida y de igual manera deberá promover y alentar en la cultura organizacional la conducta ética y el compromiso de cumplir la ley.
d) La organización junto con el área de personal, deben esforzarse para no aceptar o tener individuos que se sepa o deba saber que han estado involucrados en actividades ilegales o bien malas conductas relacionadas con las actividades a desarrollar y que no sean consistentes con un programa efectivo de *Compliance* y ética.
e) Quienes estén en el órgano de gobierno, personal de alto rango, personal con poder substancial, los empleados de la organización y cuando sea necesario sus agentes; periódicamente deberán estar informados de forma práctica sobre los procedimientos y otros aspectos del programa de *Compliance* y ética mediante programas de entrenamiento efectivos o bien compartiendo la información necesaria de acuerdo a los roles y responsabilidades de estos.

f) Asegurarse que el programa de *Compliance* y ética se siga, monitorearlo y llevar a cabo auditorías para detectar conductas criminales, hacer una evaluación periódica del programa y contar con un canal de denuncia y darlo a conocer donde los empleados puedan reportar o encuentren una guía respecto a potenciales conductas criminales, que deberá permitir el anonimato sin temor a represalias.

g) Promover y aplicar consistentemente el programa de *Compliance* y ética (a través de mecanismos que incentiven a actuar conforme a este), y las medidas disciplinarias adecuadas para el caso de violaciones a la ética o a las conductas esperadas o se trate conductas criminales o deficiencias por cuanto toca a las responsabilidades pasos o medidas para prevenir y detectar conductas criminales.

h) Una vez detectada la conducta criminal, tomar los pasos necesarios para responder adecuadamente incluyendo el hacer modificaciones al programa de *Compliance* y ética, incluyendo: remediar el daño resultante, hacer restituciones a las víctimas identificadas y reportar voluntariamente y cooperar con las autoridades.

i) Efectuar una evaluación de riesgos respecto de conductas criminales para poder tomar las medidas necesarias y poder reducir el riesgo de conducta criminal identificado.

Para todo lo anterior, es necesario tomar en cuenta:

a) La regulación gubernamental aplicable y práctica de la industria o sector al cual pertenezca la organización y la detección de los errores en la incorporación y seguimiento de dichas prácticas y de los estándares correspondientes a la regulación gubernamental aplicable detectables con un programa efectivo de *Compliance.*

b) El tamaño de la organización, su formalidad y ámbito de su competencia para determinar si cumple los requisitos considerando que:

    i) Las organizaciones grandes generalmente tienen operaciones más formales y mayores recursos para cumplir y, deben promover en las pequeñas en especial con las que tiene relación de negocios la implementación de un programa de ética y cumplimiento.

ii) Las organizaciones pequeñas, deben mostrar el mismo grado de compromiso con la conducta ética y cumplimiento de la ley que las grandes, quienes para cumplirlo lo pueden hacer con menos formalidades y menos recursos que las organizaciones grandes, por lo que con un programa sencillo puede demostrarse el mismo grado de compromiso que tratándose de una organización grande (sistemas más planeados y formalmente implementados) como sería que el órgano de gobierno maneje directamente los esfuerzos de *Compliance* y ética, entrenar a los empleados sobre *Compliance* y ética en juntas informales, efectuar revisiones regulares y con el personal que se cuente implementar y diseñar su propio programa de ética y *compliance* tomando en cuenta las mejores prácticas de ética y *compliance* y de otras organizaciones.

c) Recurrencia de una mala conducta similar, pues crea la duda sobre si la organización ha tomado los pasos para cumplir los requisitos de la guía.

Las guías hacen enfásis en que las organizaciones deben evaluar el programa de *Compliance* y ética de forma periódica y eso incluye:

a) Evaluar periódicamente el riesgo de que una conducta criminal ocurra, incluyendo:

   i) Naturaleza y gravedad de la conducta.
   ii) Probabilidad de que la conducta ocurra de acuerdo a la naturaleza de la organización, así como determinar los pasos razonables para identificarla.
   iii) Historia previa de la organización.

b) Efectuar acciones para prevenir y detectar conductas criminales.
c) Adaptar o modificar cuando sea necesario las medidas necesarias tendientes a reducir el riesgo criminal.

Se establece la línea de denuncias, línea ética o *whistleblowing* de acuerdo con la *Asociation of Certified Fraud Examiner* de Estados Unidos, es más probable que se detecte un acto ilícito mediante una denuncia que por sistemas formales de control.

2.2. LEY SARBANES OXLEY

En el mismo sentido de las regulaciones previas que tienen como finalidad evitar que se cometan delitos de cuello blanco dentro de las empresas, en el año 2002, poco después del escándalo de Enron en el cual estuvo involucrada la firma Arthur Andersen se promulga en Estados Unidos la *Ley Sarbanes Oxley (SOX)* mejor conocida como SarOx o SOA por sus siglas en inglés. Tiene como finalidad regular las funciones financieras y de auditoría. Su nombre lo debe al Senador Paul Sarbanes y al Representante Michael Oxley, quiénes fueron sus arquitectos. Por medio de la SOX se crea la *Public Company Accounting Oversight Board PCAOB,* Junta Supervisora de Compañías de Contabilidad Pública, organismo regulador que establece los lineamientos acerca de estándares profesionales, ética y competencia que regirán el desarrollo de las actividades contables. Posterior a esta ley se dieron regulaciones similares en otros países entre ellos, Japón la denominada *Financial Instruments and Exchange Act* de 2006 (FIEA) (Herath & Walker, 2019), en China la conocida como C-SOX de 2008 denominada *Basic Standard for Enterprise Internal Control* (Herath & Walker, 2019).

En todo este contexto, no hay que perder de vista que el error humano y el fraude no serán eliminados por las reglas y regulaciones (Herath & Walker, 2019). La ley es obligatoria para todas las empresas que cotizan en los mercados bursátiles de Estados Unidos. Entre los elementos que regula, además de la creación de la PCAOB, aborda la independencia del auditor, la responsabilidad corporativa, los conflictos de interés, estudios y reportes, responsabilidad por fraude empresarial y penal, aumento de la pena por delitos de cuello blanco, entre otras temáticas.

A la fecha, existen diversos estudios que analizan el costo beneficio que ha tenido esta ley para las empresas y si ha cumplido con sus objetivos. Quizá de las conclusiones más interesantes a partir de dicha norma es la que hacen Herath and Walker que establece que, aunque los directores y los empleados son capaces de cometer fraude, la cantidad de dinero que se pierde a través de los esquemas que involucran a los directores es cinco veces más grande que en aquellos casos asociados a los fraudes de los empleados (Herath & Walker, 2019).

2.3. LEY DODD FRANK

Posterior a la aprobación en Reino Unido de la *Bribary Act,* fue dictada en Estados Unidos la "Ley Dodd-Frank de Reforma de Wall Street y Protección al Consumidor" *Dodd-Frank Wall Street Reform and Consumer Protection,* que es mejor conocida como la Ley Dodd Frank, la cual entró en vigor el 11 de julio de 2010 siendo presidente Barack Obama. La ley tiene como finalidad reformar al sistema financiero, después de la peor crisis en el sector desde la gran depresión. La crisis financiera se enfrentó a grandes problemas, uno de ellos fue que los responsables políticos tuvieron que encarar la disyuntiva de rescatar a grandes instituciones financieras o permitir que se hundieran con las consecuencias de la estabilidad financiera que eso conllevaba.

Por otro lado, se tuvo la necesidad de regular los productos de consumo no bancarios, así como la protección de los consumidores en muchas partes del país. Había un abuso de los consumidores en los mercados hipotecarios, de tarjetas de crédito, de préstamos de bajo importe, entre otros. Otro problema que se tuvo que afrontar fue la existencia de múltiples agencias reguladoras que estaban operando (Neil et al., 2014). Por lo tanto, de forma específica la Ley Dodd- Frank buscó "reformar la reglamentación financiera, proteger a los consumidores y a los inversores, mejorar la comprensión federal de las cuestiones relativas a los seguros, regular los mercados de derivados extrabursátiles" (Dodd-Frank Wall Street Reform and Consumer Protection act, 2010). Debe su nombre a dos legisladores, el senador Dodd y el Congresista Frank, modificó la ley *Sarbanes-Oxley* de 2002 y creó diversos órganos, entre los que se encuentran la agencia (Consumer Financial Protection Act), el "*Investment Advisory Committee*", "*Office of Investor Advocate,* un Defensor del Cliente.

Algunos aspectos relevantes de la ley, para los fines de esta obra son los siguientes: 1. La agencia que se crea a partir de esta ley tiene entre sus facultades el responder con rapidez cuando se tienen malas prácticas para engañar a inversores. 2. Destaca también la obligación de tener un lenguaje claro y sencillo con los consumidores. 3. Uno de los aspectos más comentados de la ley es lo concerniente a las recompensas a los denunciantes, las cuales pueden llegar hasta el 30% de los fondos que son recuperados. 4. Por lo que concierne al gobierno corporativo, destaca de esta legislación que "proporciona a los accionistas voz y voto (si bien no vinculante) sobre remuneración y blindaje de contratos de directivos".

Por otro lado, en Inglaterra fue el fallo en el caso "*The Queen vs. Birminghan & Gloucester Railway* del año de 1842 que dio lugar a la responsabilidad de la empresa. "Se procesó a la corporación por incumplir una ley que le imponía la construcción de ciertas obras a lo largo de las vías del ferrocarril. El fundamento para responsabilizar a la persona jurídica se centró básicamente en que ningún integrante de la empresa podía ser responsabilizado por la omisión del cumplimiento de un deber que recaía sobre la entidad, ya que no eran los individuos quienes habían incumplido la ley sino la propia sociedad" (Banchio, 2020).

Por otro lado, el estándar australiano fue el texto de partida del primer estándar internacional sobre *Compliance* la norma ISO 19600:2014 sobre *Compliance Management Systems* (CMS), que definió un sistema de gestión más allá de un programa de *Compliance* (Casanovas, 2018). Sin embargo, para los fines introductorios de esta obra, no abordaremos dichas normas.

3.
El Compliance en México

Por lo que respecta a la tercera clave del itinerario trazado, denominado la incorporación del *Compliance* en México resolveremos los siguientes cuestionamientos: (1) ¿Qué papel tuvo el Sistema Nacional Anticorrupción (SNA), para introducir el *Compliance* en México? (2) ¿En qué momento estamos? Con mayor frecuencia estamos rodeados de información que hacen referencia al *Compliance*. Se ofertan diversas capacitaciones donde el término aparece al lado de otros, por ejemplo, *Compliance* penal, fiscal, laboral, por citar algunos. Sin embargo, en México nos encontramos con un fenómeno: la asimilación del término no corresponde al mismo sentido con el que se hace referencia en Estados Unidos como lo hemos explicado en el segundo apartado de esta obra. En México, el término se utiliza para promover una cultura de integridad como ha sido explicado en el primer capítulo. Sin embargo, por lo que al ámbito jurídico corresponde, se ha detonado su incorporación en el sistema de normas y, por lo tanto, ha impactado de forma directa en la cultura empresarial a partir de la creación del Sistema Nacional Anticorrrupción (SNA). Siendo así, en este apartado explicaremos en primer lugar el papel que ha jugado el SNA. En segundo lugar, reflexionaremos acerca del Código Penal Federal y Código Nacional de Procedimientos Penales.

3.1. EL PAPEL DEL SNA PARA INTRODUCIR EL *COMPLIANCE* EN MÉXICO

El SNA es el detonante para incorporar el *Compliance* en la cultura empresarial. El SNA surge de la necesidad de hacer un esfuerzo coordinado en el combate a la corrupción en todo el país, toda vez que la corrupción es un factor predominante y de conocimiento público que impide el desarrollo nacional. Por lo tanto, al momento de su creación fue considerado como una solución urgente para promover leyes e instituciones. El SNA, cuenta con un organismo rector encargado de organizar políticas congruentes y sistematizadas de combate a dicho mal con el deseo de que en algún momento funcione de manera orgánica no solo a nivel federal, sino también en los Estados y que el impacto en la iniciativa privada no sea menor.

El SNA tiene como finalidad prevenir, combatir y sancionar las responsabilidades administrativas y penales creando un sistema de pesos y contrapesos contra la impunidad. La Constitución Política de los Estados Unidos Mexicanos (CPEUM) en el primer párrafo del artículo 113 lo define como: "la instancia de coordinación entre las autoridades de todos los órdenes de gobierno competentes en la prevención, detección y sanción de responsabilidades administrativas y hechos de corrupción, así como en la fiscalización y control de recursos públicos" (Constitución Política de Los Estados Unidos Mexicanos, n.d.). Se trata de un sistema por medio del cual se coordinan las diversas autoridades de gobierno encargadas de prevenir, fiscalizar, detectar, sancionar y erradicar la corrupción. Por lo tanto, el propio texto constitucional señala lo que debe entenderse por cada uno de los verbos descritos.

a) Prevención, se logra a través del diseño de política pública cuya implementación se cuida y también se mide su eficacia.
b) Fiscalización, por medio del control y vigilancia a los recursos públicos, desde su origen, destino y utilización para que no haya desvíos.
c) Detección, identificar focos rojos o puntos a proteger para así diseñar políticas públicas para solventarlos, así como la investigación de hechos delictivos derivados relacionados con actos de corrupción cometidos por servidores públicos y particulares.
d) Sancionar responsabilidades administrativas y hechos de corrupción a través de las contralorías, tribunales de justicia administrativa o tribunales penales de acuerdo al tipo de falta o hecho cometido como consecuencia de lo detectado por las auditorías, contralorías o fiscalías especializadas contra la corrupción.
e) Erradicación, que debiera ser el resultado de todo lo anterior.

El surgimiento del SNA tiene lugar con la reforma al artículo 113 constitucional que fue publicada el 27 de mayo de 2015 y posteriormente con la emisión y/o modificación de las leyes que conforman todo el andamiaje del SNA. El sistema es producto del amalgamiento de varias iniciativas presentadas por diversos partidos, en su mayoría del Partido

Acción Nacional (PAN). Además, va de la mano de dos leyes, la primera es la Ley General del Sistema Nacional Anticorrupción (LGSNA), que establece los fundamentos de la coordinación del SNA. La segunda, es la Ley General de Responsabilidades Administrativas (LGRA) donde aparecen las sanciones aplicables a aquellos funcionarios que incumplan de manera administrativa.

Por lo que respecta a la LGRA, clasificó las conductas correspondientes a responsabilidades administrativas, junto con sus sanciones, para servir como garantía de no tener el mismo comportamiento a futuro, en función de detener las redes de corrupción, evitar los beneficios propios y también sancionar a aquellos que no funjan como entidades públicas, descrito como un derecho disciplinario desde la rama civil. Por último, de las mismas conductas, existe la denominación de faltas graves, de acuerdo a la gravedad de corrupción o afectación de los bienes, previendo las conductas señaladas en la Convención de Naciones Unidas Contra la Corrupción (CNUCC).

Sumado a las dos leyes generales enunciadas hay que agregar las siguientes: (1) Ley Orgánica del Tribunal Federal de Justicia Administrativa; (2) Ley de Fiscalización y Rendición de Cuentas de la Federación; (3) Código Penal Federal; (4) Código Nacional de Procedimientos Penales; (5) Ley Orgánica de la Procuraduría General de la República (hoy Fiscalía General de la República); (6) Ley Orgánica de la Administración Pública Federal.

La exposición de motivos de la reforma señala:

i) Que la corrupción no solamente se realiza considerando conductas individuales, sino comportamientos a través de redes integradas por servidores públicos por sí mismos o con particulares.

ii) Que esas redes se organizan para obtener un provecho personal –individual o colectivo, directo o indirecto, tangible o intangible—derivado del ejercicio de las atribuciones y/o del uso de los recursos otorgados a los servidores públicos, causando siempre un daño al interés general y al patrimonio público (por desviación de los fines, por apropiación de los recursos o por incumplimiento de los resultados).

iii) Que la evidencia de ese provecho ilícito no debe buscarse solamente en la formalidad de los procedimientos administrativos, sino en el enriquecimiento inexplicable, la desviación de los recursos o la alienación de las atribuciones en favor del patrimonio personal o de los intereses de los servidores públicos, sus allegados (incluyendo los grupos políticos a los que pertenecen) y/o los particulares participantes.

iv) Que no existen incentivos suficientes ni mecanismos adecuados para que la sociedad ejerza una vigilancia social de la actuación de servidores públicos y privados que actúan de manera contraria a derecho.

El SNA está integrado de la siguiente forma de acuerdo al artículo 7 de la LGSNA:

El Comité Coordinador del SNA la LGSNA que se conformará por:

- Representante del Comité de Participación Ciudadana, quien lo presidirá
- Titular de la Auditoría Superior de la Federación
- Titular de la Fiscalía Especializada de Combate a la Corrupción
- Titular de la Secretaría de la Función Pública
- Representante del Consejo de la Judicatura Federal
- Presidente del Instituto Nacional de Transparencia, Acceso a la Información y Protección de Datos Personales
- Presidente del Tribunal Federal de Justicia Administrativa

(Fr I art 113 Constitución, artículo 10 Ley General del Sistema Nacional Anticorrupción) (LGSNA, 2021)

El Comité de Participación Ciudadana (CPC) integrado por 5 cinco ciudadanos que se hayan destacado por su contribución a la transparencia, la rendición de cuentas o el combate a la corrupción (Fr II art 113 Constitución, artículo 16 Ley General del Sistema Nacional Anticorrupción). Estos se rotarán la presidencia del Comité Coordinador de acuerdo a su antigüedad (Artículo 19 Ley General del Sistema Nacional Anticorrupción).

a) El Comité Rector del Sistema Nacional de Fiscalización (conformado por la Auditoría Superior de la Federación, la Secretaría de la Función Pública y siete miembros rotatorios de entre las entidades de fiscalización superiores locales y las secretarias estatales encargadas del control interno elegidos por periodos de 2 años, por consenso de la Secretaría de la Función Pública y la Auditoría Superior de la Federación).

Dicho Comité se preside en forma dual por el Auditor Superior de la Federación y el titular de la Secretaría de la Función Pública, o por los representantes que éstos designen. El Sistema Nacional de Fiscalización de acuerdo al primer párrafo del artículo 37 de la Ley General del Sistema Anticorrupción y la página del Sistema Nacional de Fiscalización, tiene por objeto establecer acciones y mecanismos de coordinación entre los integrantes del mismo, en el ámbito de sus respectivas competencias así como promover el intercambio de información, ideas y experiencias en la fiscalización de los recursos públicos, busca normalizar los procedimientos, técnicas, criterios, estrategias y programas en esa materia (https://sna.org.mx/que-hacemos/), (Artículos 37, 39 Ley General del Sistema Nacional Anticorrupción).

b) Los Sistemas Locales Anticorrupción, que concurrirán a través de sus representantes.

Tanto LGSA en la fracción primera del artículo 36 y la propia página del SNA (https://sna.org.mx/que-hacemos/), señalan que las leyes y los sistemas anticorrupción de los estados deben tener una integración y atribuciones equivalentes a las de LGSNA y al SNA, es decir, el marco legal debe ser muy similar al federal debiendo existir en los sistemas estatales un Comité de Participación Ciudadana, Comité Coordinador y un Secretario Técnico (a través de este se establece una relación con el SNA).

Lo anterior debe ser así y no de otra forma, porque el SNA es un sistema de coordinación de tal forma que si los sistemas implementados en los estados fueran muy diferentes al nacional no se lograría el objetivo del SNA que es un combate global y coordinado frente a la corrupción. Aunque el artículo 7 de la LGSNA no los menciona como integrantes del SNA la realidad es que si forman parte del mismo ya que son el brazo ejecutivo del Sistema sin el cual no pudieran funcionar tenemos a:

a) Secretaría Ejecutiva que es el órgano (descentralizado con autonomía técnica y de gestión) de apoyo técnico del Comité Coordinador y los insumos que requiera para poder llevar a cabo las atribuciones que le confiere el artículo 113 constitucional en su fracción III. Artículos 3 fracc. VIII, 24 y 25 Ley General del Sistema Nacional Anticorrupción (https://sna.org.mx/que-hacemos/).

b) Comisión Ejecutiva el órgano técnico auxiliar de la Secretaría Ejecutiva se integra por el Secretario Técnico y los miembros del Comité de Participación Ciudadana, salvo su presidente en ese momento se encarga de generar los insumos técnicos, así como propuestas sobre la política nacional anticorrupción, así como de las políticas integrales y metodologías y mecanismo de información en combate a la corrupción que aprobará el Comité Coordinador. Artículos 3 fracc. II, 30, 31 Ley General del Sistema Nacional Anticorrupción (https://sna.org.mx/que-hacemos/)

c) Secretario Técnico: Es un servidor público que tiene a su cargo la dirección de la Secretaría Ejecutiva y actúa como Secretario del Comité Coordinador y del órgano de gobierno de la Secretaría Ejecutiva y además da seguimiento a los acuerdos y resoluciones del Comité Coordinador y del órgano de gobierno. Artículos 3 fracc. IX, 35 Ley General del Sistema Nacional Anticorrupción.

3.2. CÓDIGO PENAL FEDERAL Y CÓDIGO NACIONAL DE PROCEDIMIENTOS PENALES

La responsabilidad penal de las personas morales a nivel federal en México surge con el CNPP en capítulo II del título X de procedimientos especiales en este caso procedimientos para personas jurídicas. En el CPF se establece en el artículo 11 que el juez en los casos determinados específicamente, en la sentencia contra algún miembro o representante de una persona jurídica que cometa un delito con medios proporcionados por ésta, o en su nombre, bajo su amparo o representación o beneficio de ésta puede decretar la suspensión o su disolución de la misma si lo considera necesario para la seguridad pública.

El artículo 421 del CNPP establece que las personas jurídicas serán penalmente responsables en los términos de lo señalado en el párrafo anterior siempre que determine que además existió inobservancia del debido control en su organización lo cual nos llevaría a la necesaria existencia de un plan de *Compliance* o un órgano de control.

El artículo 11 Bis del Código Penal Federal establece un catálogo de delitos donde se considera penalmente responsables a las personas morales cuando hayan intervenido en los mismos, previstos en el Código Penal Federal y algunos de los contenidos en las siguientes leyes:

a) Ley Federal de Armas de Fuego y Explosivos
b) Ley de Migración
c) Ley General de Salud
d) Ley General para Prevenir, Sancionar y Erradicar los delitos en Materia de Trata de Personas y para la Protección y Asistencia a las Víctimas de estos Delitos
e) Ley Federal de Armas de Fuego y Explosivos
f) Ley General para Prevenir y Sancionar los Delitos en Materia de Secuestro, Reglamentaria de la fracción XXI del artículo 73 de la Constitución Política de los Estados Unidos Mexicanos
g) Código Fiscal de la Federación
h) Ley de la Propiedad Industrial
i) Ley de Instituciones de Crédito
j) Ley General de Títulos y Operaciones de Crédito
k) Ley General de Organizaciones y Actividades Auxiliares del Crédito
l) Ley del Mercado de Valores
m) Ley de los Sistemas de Ahorro para el Retiro
n) Ley de Fondos de Inversión
o) Ley de Uniones de Crédito
p) Ley para Regular las Actividades de las Sociedades Cooperativas de Ahorro y Préstamo
q) Ley de Ahorro y Crédito Popular
r) Ley de Concursos Mercantiles
s) Ley Federal para el Control de Sustancias Químicas Susceptibles de desvío para la fabricación de armas químicas
t) Ley Federal para Prevenir y Sancionar los Delitos en Materia de Hidrocarburos
u) Y como siempre, por si se olvidó alguna ley o surge una nueva en los demás casos expresamente previstos en la legislación aplicable

En virtud de que las personas morales no tienen una entidad corpórea conforme al artículo 11 Bis del CPF, las consecuencias jurídicas penales para ellas estarán limitadas a lo siguiente:

a) Suspensión de actividades (seis meses a seis años).
b) Clausura de locales y establecimientos (seis meses a seis años).
c) Prohibición de realizar en el futuro las actividades en cuyo ejercicio se haya cometido o participado en su comisión, por un plazo de entre seis meses a diez años.
d) Inhabilitación temporal consistente en la suspensión de derechos para participar de manera directa o por interpósita persona en procedimientos de contratación o celebrar contratos regulados por la Ley de Adquisiciones, Arrendamientos y Servicios del Sector Público, así como por la Ley de Obras Públicas y Servicios relacionados con las mismas (seis meses a seis años).
e) Intervención judicial para salvaguardar los derechos de los trabajadores o de los acreedores (seis meses a seis años).

La intervención judicial podrá afectar a la totalidad de la organización o limitarse a alguna de sus instalaciones, secciones o unidades de negocio.

El párrafo final del artículo 11 Bis que refiere que las sanciones que menciona el artículo 422 del CNPP se podrán atenuar hasta en una cuarta parte si contaban con un órgano de control permanente que no sería si no el órgano encargado de un programa de *Compliance* o Cumplimiento en concreto un oficial de cumplimiento o figura que lleve a cabo dichas funciones, incluso hace referencia a que se hayan cumplido las políticas internas antes y después del hecho y grado de disminución del daño provocado.

En el artículo 422 del CNPP se habla de sanciones para las personas jurídicas con personalidad jurídica propia y se habla de consecuencias jurídicas para las personas jurídicas que tengan o no personalidad jurídica propia (por esta queremos pensar que la ley se refiere a aquellas asociaciones de hecho que no de derecho que por alguna razón no han tomado una forma legal que les atribuya personalidad).

Las sanciones son:

a) Sanción pecuniaria o multa.
b) Decomiso de instrumentos, objetos o productos del delito.
c) Publicación de la sentencia.
d) Disolución.
e) Las demás que expresamente determinen las leyes penales conforme a los principios señalados.

Al señalar el artículo 422 del CNPP lo que debe tomarse en cuenta para individualizar la pena, entre otros aspectos a tomar en cuenta en los incisos a) y e) señala la magnitud de la inobservancia del debido control en su organización y la exigibilidad de conducirse conforme a la norma y el grado de sujeción y cumplimiento de las disposiciones legales y reglamentarias, de ambas se desprende que no es sino el ámbito donde debe estar presente el *Compliance*.

Las consecuencias jurídicas que señala el artículo 422 son las siguientes:

a) Suspensión de sus actividades.
b) Clausura de sus locales o establecimientos.
c) Prohibición de realizar en el futuro las actividades en cuyo ejercicio se haya cometido o participado en su comisión.
d) Inhabilitación temporal consistente en la suspensión de derechos para participar de manera directa o por interpósita persona en procedimientos de contratación del sector público.
e) Intervención judicial para salvaguardar los derechos de los trabajadores o de los acreedores.
f) Amonestación pública.

Nos llama la atención que dentro del mismo artículo se hable de penas y consecuencias jurídicas consideramos que el artículo como tal genera una confusión pues desde nuestra óptica ambas unas y otras son sanciones a las personas jurídicas que sean encontradas penalmente responsables.

4.

Integridad de las personas morales

El concepto de integridad que hace referencia a las personas morales, aparece en el "Código de Principios y Mejores Prácticas de Gobierno Corporativo". La Ley General de Responsabilidades Administrativas (LGRA), que forma parte del SNA es un ordenamiento que hace referencia expresa al *Compliance,* en tal sentido, los artículos 21 al 25 serán analizados. La trascendencia del articulado que analizaremos de la LGRA es que desglosa el contenido de una política de integridad para referirse a las personas morales. Por lo que corresponde al artículo 21 de dicho ordenamiento, establece lo siguiente:

> "Artículo 21. Las Secretarías podrán suscribir convenios de colaboración con las personas físicas o morales que participen en contrataciones públicas, así como con las cámaras empresariales u organizaciones industriales o de comercio, con la finalidad de orientarlas en el establecimiento de mecanismos de autorregulación que incluyan la instrumentación de controles internos y un programa de integridad que les permita asegurar el desarrollo de una cultura ética en su organización".

De este artículo hay que destacar cuatro elementos. En primer lugar, el énfasis en la autorregulación de las entidades privadas, por otro lado, en los controles internos que forman parte de la autorregulación. Como tercer punto, el programa de integridad y, por último, la cultura ética de la organización cuyo desarrollo se asegura a través del programa de integridad. El siguiente artículo del ordenamiento profundiza en los cuatro elementos a los que hemos hecho referencia:

> "Artículo 22. En el diseño y supervisión de los mecanismos a que se refiere el artículo anterior, se considerarán las mejores prácticas internacionales sobre controles, ética e integridad en los negocios, además de incluir medidas que inhiban la práctica de conductas irregulares, que orienten a los socios, directivos y empleados de las empresas sobre el cumplimiento del programa de integridad y que contengan herramientas de denuncia y de protección a denunciantes".
>
> "Artículo 24. Las personas morales serán sancionadas en los términos de esta Ley cuando los actos vinculados con faltas administrativas graves sean realizados por personas físicas que actúen a su nombre o representación de la persona moral y pretendan obtener mediante tales conductas beneficios para dicha persona moral".

En el artículo 25 se indican los siete instrumentos que conforman una política de integridad, dichos elementos funcionan como mínimos, es decir, puede incluir otros, sin embargo, deberá estar conformada al menos por: (1) manual de organización y procedimientos, (2) código de conducta, (3) sistemas de control, vigilancia y auditoria, (4) sistemas de denuncia, (5) sistemas de entrenamiento y capacitación, (6) políticas de recursos humanos, (7) mecanismos que aseguren la transparencia y publicidad de intereses.

> "Artículo 25. En la determinación de la responsabilidad de las personas morales a que se refiere la presente Ley, se valorará si cuentan con una política de integridad. Para los efectos de esta Ley, se considerará una política de integridad aquella que cuenta con, al menos, los siguientes elementos:
>
> I. Un manual de organización y procedimientos que sea claro y completo, en el que se delimiten las funciones y responsabilidades de cada una de sus áreas, y que especifique claramente las distintas cadenas de mando y de liderazgo en toda la estructura;
>
> II. Un código de conducta debidamente publicado y socializado entre todos los miembros de la organización, que cuente con sistemas y mecanismos de aplicación real;
>
> III. Sistemas adecuados y eficaces de control, vigilancia y auditoría, que examinen de manera constante y periódica el cumplimiento de los estándares de integridad en toda la organización;
>
> IV. Sistemas adecuados de denuncia, tanto al interior de la organización como hacia las autoridades competentes, así como procesos disciplinarios y consecuencias concretas respecto de quienes actúan de forma contraria a las normas internas o a la legislación mexicana;
>
> V. Sistemas y procesos adecuados de entrenamiento y capacitación respecto de las medidas de integridad que contiene este artículo;
>
> VI. Políticas de recursos humanos tendientes a evitar la incorporación de personas que puedan generar un riesgo a la integridad de la corporación. Estas políticas en ningún caso autorizarán la discriminación de persona alguna motivada por origen étnico o nacional, el género, la edad, las discapacidades, la condición social, las condiciones de salud, la religión, las opiniones, las preferencias sexuales, el estado civil o cualquier otra que atente contra la dignidad humana y tenga por objeto anular o menoscabar los derechos y libertades de las personas, y
>
> VII. Mecanismos que aseguren en todo momento la transparencia y publicidad de sus intereses".

Esta norma presenta algunos retos respecto a quiénes van a llevar a cabo esta labor y, en segundo lugar, respecto a que lo que la ley solicita y que va más allá del mero cumplimiento de las normas, es decir, habla de una política de integridad. Por lo que respecta a quién o quiénes van a llevar a cabo todas las acciones a las que hace referencia el artículo 25, en las empresas grandes se están creando áreas específicas denominadas de *Compliance* o de control cuya labor es vigilar que efectivamente se cumpla con lo especificado en la norma. Sin embargo, ¿qué pasa con las empresas que no pueden tener un área específica cuya función exclusiva sea esta? Nos encontramos ante varios escenarios, por un lado, si la empresa tiene un área de auditoría, se le pueden sumar las funciones descritas, lo mismo puede ocurrir si tiene un departamento jurídico. La limitante que vemos a este escenario es que no se vea al *Compliance* de forma integral, como hemos venido proponiendo, es decir, en lugar de buscar una cultura de integridad en sentido amplio, este se reduzca a vigilar no infringir las normas. Otro escenario, es el de las empresas pequeñas que no tienen un área de auditoría o un jurídico interno. Ante este supuesto, habría que desarrollar opciones para que efectivamente se pueda desarrollar la cultura de integridad a la que hemos venido haciendo mención. Un tercer escenario, es el de las grandes empresas que están en la capacidad de crear un área de *Compliance* y nombrar un *Compliance Officer*, en este supuesto, habría que ser énfasis en lo que las buenas prácticas señalan al respecto y entre ellas, se encuentra que reporte a quiénes llevan a cabo el gobierno corporativo de la empresa.

Consideramos que la creación de un órgano desde los estatutos para sentar las bases de un órgano de control presenta ventajas y desventajas. Las ventajas es que dicho órgano ya tiene determinadas facultades, por otra parte, las desventajas de que dicho órgano de control aparezca en los estatutos es que las facultades que se le atribuyan al órgano de control se quedan muy cortas. El reto es que los estatutos sean generales e impulsen una cultura de integridad desde la creación de la empresa.

4.1. MARCO LEGAL INTERNACIONAL DE COMBATE A LA CORRUPCIÓN

El parteaguas para el combate a la corrupción en las empresas fue la Convención de las Naciones Unidas contra la Corrupción (CNUCC), en el año 2005. A partir de entonces se desarrollaron otros instrumentos que permitieron organizar los esfuerzos en esta lucha contra la corrupción. Desde 1996 los países habían llevado a cabo acuerdos de acción conjunta contra la corrupción, y no fue si no fue hasta el 2005 siendo Kofi A. Annan, Secretario General de Naciones Unidas, a partir de la entrada en vigor de la CNUCC que se cuenta con un instrumento global que permite combatir la corrupción en todas sus formas. La CNUCC se complementa con la Convención de las Naciones Unidas contra la Delincuencia Organizada Transnacional que entró en vigor el 29 de septiembre de 2003.

Entre los instrumentos previos a la CNUCC que afrontaban el problema de la corrupción se encuentran:

- Convención Interamericana contra la Corrupción, aprobada por la Organización de los Estados Americanos el 29 de marzo de 1996.
- Convenio relativo a la lucha contra los actos de corrupción en los que estén implicados funcionarios de las Comunidades Europeas o de los Estados miembros de la Unión Europea, aprobado por el Consejo de la Unión Europea el 26 de mayo de 1997.
- Convenio sobre la lucha contra el soborno de los funcionarios públicos extranjeros en las transacciones comerciales internacionales, aprobado por la Organización de Cooperación y Desarrollo Económico el 21 de noviembre de 1977.
- Convenio de derecho penal sobre la corrupción, aprobado por el Comité de Ministros del Consejo de Europa el 27 de enero de 1999.
- Convenio de derecho civil sobre la corrupción, aprobado por el Comité de Ministros del Consejo de Europa el 4 de noviembre de 1999.
- Convención de la Unión Africana para prevenir y combatir la corrupción, aprobada por los Jefes de Estado y de Gobierno de la Unión Africana el 12 de julio de 2003.
- Política Anticorrupción de la Unión Europea, definida en el Artículo 29 del Tratado de la Unión Europea y aplicada a través:

    - Convención Sobre Protección de los Intereses Financieros de las Comunidades Europeas (1995)

- Convención Contra la Corrupción con Implicación de Funcionarios Europeos o Funcionarios de los Estados Miembros de la Unión Europea (1997). (Manual de Ética Anticorrupción, 2013)

En tal sentido, presentamos información relevante de algunos de estos instrumentos.

Convención Interamericana contra la Corrupción, aprobada por la Organización de los Estados Americanos el 29 de marzo de 1996

En el año 1996 fue firmada la Convención Interamericana contra la Corrupción por la Organización de Estados Americanos, en la ciudad de Caracas, Venezuela, cuyos propósitos los establece el Artículo II:

> *"1. Promover y fortalecer el desarrollo, por cada uno de los Estados partes, de los mecanismos necesarios para prevenir, detectar, sancionar y erradicar la corrupción; y*
>
> *2. Promover, facilitar y regular la cooperación entre los Estados partes, a fin de asegurar la eficacia en las medidas y acciones para prevenir, detectar, sancionar y erradicar los actos de corrupción en el ejercicio de las funciones públicas y los actos de corrupción específicamente vinculados con tal ejercicio".*

Por lo que concierne al Mecanismo de Seguimiento de la Implementación de la Convención Interamericana contra la Corrupción, fue aprobado en la tercera sesión plenaria, celebrada el 5 de junio de 2001, tomando en cuenta el informe del Consejo Permanente sobre el Mecanismo de Seguimiento de la Implementación de la Convención Interamericana contra la Corrupción (CP/doc.3481/01) cumpliendo lo establecido en la resolución AG/RES. 1723 "Fortalecimiento de la probidad en el Hemisferio y seguimiento del Programa Interamericano de Cooperación para Combatir la Corrupción", donde se ordenó al Consejo Permanente buscar el modelo más adecuado para el seguimiento de la implementación de la Convención, así como la Recomendación del Consejo Permanente [CP/RES. 783 (1260/01)]; tomando en cuenta el Trabajo sobre Probidad y Ética Cívica de la Reunión de Expertos Gubernamentales Preparatoria de la Conferencia de los Estados Parte en la Convención Interamericana contra la Corrupción (Washington, D.C., del 21 al 23 de marzo de 2001), y que, como resultado de sus labores, emitió un conjunto de recomendaciones para ser consideradas en la Primera Conferencia de los Estados Parte en la Convención Interamericana contra la Corrupción, sobre la base de la Recomendación del Consejo Permanente; adoptándose el documento generado en la Primera Conferencia de Estado Parte (Buenos Aires Argentina 2 a 4 de mayo de 2001) denominado Documento de Buenos Aires, que no hizo si no cumplir el Plan de Acción suscrito en la Tercera Cumbre de las Américas, (Québec, Canadá). Tiene como propósito la implementación de la convención, seguimiento de los compromisos asumidos por los estados parte y como se están implementando y facilitar la cooperación técnica; el intercambio de información, experiencia y prácticas óptimas; y la armonización de las legislaciones de los Estados Parte (Punto 1).

Todos los Estados Parte de la convención son miembros del mecanismo (Punto 4)

El mecanismo tiene dos órganos:

a) Conferencia de los Estados Parte, conformada por representantes de todos los Estados Parte, encargada de instrumentar el mecanismo, debe reunirse por lo menos una vez al año.
b) Comité de Expertos, conformado por expertos designados por cada Estado Parte, hace el análisis técnico de la implementación de la Convención por los Estados Parte, puede solicitar la asistencia y lineamientos de la Conferencia.

Ejercerá como secretaría serán la General de la Organización de los Estados Americanos (Punto 5). El Mecanismo funciona así:

a) El Comité selecciona disposiciones de la convención que pueden ser objeto de análisis y decide el tiempo que se dedicará a ese trabajo (ronda), formula la metodología que será diseñada para obtener información suficiente y confiable, misma que hace pública (punto 7).
b) Hace un cuestionario a ser remitido a los Estados Parte que serán objeto de análisis, quienes deben responder dentro del plazo fijado, respuestas que serán ser circuladas entre todos los integrantes del Comité (punto 7).

c) Fija las fechas para revisar información de cada país (punto 7).

d) Conformará subgrupos de 2 expertos de Estados Parte que con la Secretaría analizarán la información de cada Estado y elaborarán un informe preliminar y confidencial que se hará del conocimiento del Estado analizado para observaciones (punto 7).

e) El subgrupo elabora una versión revisada del informe preliminar teniendo en cuenta las observaciones del Estado Parte y lo presenta a consideración del pleno del Comité (punto 8).

f) El pleno del Comité hace la conclusiones y recomendaciones (punto 7).

g) En cada ronda, una vez revisados los informes preliminares de todos los Estados Parte el Comité emitirá un informe final de cada Estado, con las observaciones analizadas, que remitirá a la Conferencia y posteriormente se hará público (punto 7). El Comité, cooperará y asistirá a los Estados Parte para identificar las áreas en las cuales se necesita desarrollar la cooperación técnica como los métodos más adecuados para recolectar información útil para el análisis de la cooperación y asistencia (punto 7).

h) Para obtener mayores elementos, incluirá en sus normas de procedimiento un papel adecuado para las organizaciones de la sociedad civil, teniendo en concordancia con la legislación interna del Estado Parte que es objeto de análisis, para lo cual elaborará la metodología que considere más apropiada (punto 8).

i) Se revisará periódicamente por la Conferencia el funcionamiento del mecanismo, tomando las observaciones del Comité de Expertos, y podrá hacer las modificaciones que estime convenientes (punto 10).

Convenio relativo a la lucha contra los actos de corrupción en los que estén implicados funcionarios de las Comunidades Europeas o de los Estados miembros de la Unión Europea (Bruselas 1997)

Surge como consecuencia de la cooperación establecida en el título VI del tratado de la Unión en la búsqueda de una mejora en la cooperación judicial en la lucha contra la corrupción, del Protocolo que se refiere, a la lucha contra los actos de corrupción en los que estén implicados funcionarios, comunitarios o nacionales, y que causen o puedan causar perjuicio a los intereses financieros de las Comunidades Europeas (Acto del 27 de septiembre de 1996), siendo necesario ir más allá de lo que se señala el Protocolo

La convención hace las siguientes definiciones:

a) Funcionario: todo funcionario, tanto comunitario como nacional, así como todo funcionario nacional de otro Estado miembro (Art. 1).

b) Funcionario Comunitario:

(i) Funcionario Comunitario propiamente dicho:

- Toda persona que tenga la condición de funcionario o agente contratado en el sentido del Estatuto de los funcionarios de las Comunidades Europeas o del Régimen aplicable a otros agentes de las Comunidades Europeas, para efectos de nuestro estudio.
- Toda persona puesta a disposición de las Comunidades Europeas por los Estados miembros o por cualquier organismo público o privado, que ejerza en ellas funciones equivalentes a las que ejercen los funcionarios u otros agentes de las Comunidades Europeas, para efectos de nuestro estudio (Art. 1)

(ii) Funcionario Comunitario por asimilación:

- Los miembros de organismos creados de conformidad con los Tratados constitutivos de las Comunidades Europeas, así como el personal de dichos organismos, en la medida en que el Estatuto de los funcionarios de las Comunidades Europeas o el Régimen aplicable a otros agentes de las Comunidades Europeas no les sea aplicable; (Art. 1)

c) Funcionario nacional: el funcionario o empleado público como se defina ese concepto en el Derecho nacional del Estado miembro en que la persona de que se trate tenga esta condición para la aplicación del Derecho penal de dicho Estado miembro, haciendo la aclaración que tratándose de diligencias judiciales en las que esté implicado un funcionario de un Estado miembro iniciada por otro Estado miembro, éste sólo aplicará la definición de funcionario nacional en lo que esa definición sea compatible con su Derecho nacional (Art. 1).

d) Corrupción pasiva: El hecho intencionado de que un funcionario, directamente o por medio de terceros, solicite o reciba ventajas de cualquier naturaleza, para sí mismo o para un tercero, o el hecho de aceptar la promesa de tales ventajas, por cumplir o abstenerse de cumplir, de forma contraria a sus deberes oficiales, un acto propio de su función o un acto en el ejercicio de su función, siendo obligación de los estados miembros de que tales conductas se identifiquen como delitos (infracciones penales) (Art. 2).

e) Corrupción activa: El hecho intencionado de que cualquier persona prometa o dé, directamente o por medio de terceros, una ventaja de cualquier naturaleza a un funcionario, para éste o para un tercero, para que cumpla o se abstenga de cumplir, de forma contraria a sus deberes oficiales, un acto propio de su función o un acto en el ejercicio de su función, siendo obligación de los estados miembros de que tales conductas se identifiquen como delitos (infracciones penales) (Art. 2).

El convenio establece la obligación para cada Estado miembro de que la corrupción activa y pasiva cometidas por los ministros de su Gobierno, miembros de sus Cámaras de Representantes, de sus máximos órganos jurisdiccionales o de su Tribunal de Cuentas, o contra ellos, en el ejercicio de sus funciones, sean aplicables de la misma forma cuando sean cometidas por los miembros de la Comisión de las Comunidades Europeas, del Parlamento Europeo, del Tribunal de Justicia o del Tribunal de Cuentas de las Comunidades Europeas, o contra éstos, respectivamente, en el ejercicio de sus funciones, es decir que haya una igualdad o asimilación de trato (Art. 4).

Los Estados deben tomar las medidas necesarias para que la corrupción activa y pasiva, la complicidad e instigación a estás, tengan sanciones penales eficaces, proporcionadas y disuasorias, que incluyan, en los casos graves, penas privativas de libertad que puedan dar lugar a la extradición, siendo que en su legislación puedan tener disposiciones en su derecho con un alcance mayor a las contempladas en el convenio (Arts. 5, 11). También dentro del convenio se contempla que los

Estados determinen en su derecho interno los jefes de empresa o quien ejerza poderes de decisión o control en una empresa pueda ser penalmente responsables, en los casos de corrupción activa por personas bajo su autoridad y actúe por cuenta de la empresa (Art. 6).

El convenio establece que en caso de que los Estados miembros no concedan la extradición, deberá tener tipificadas en su derecho ambos tipos de corrupción y extenderlas o sus funcionarios, y cuando se presente un caso de corrupción por parte de los funcionarios a que se refiere el convenio deberá someterlo a sus autoridades para que ejecute las diligencias judiciales remitiendo los documentos informaciones y objetos relativos a la infracción, conforme al Convenio europeo de extradición de 13 de diciembre de 1957, debiendo informar al Estado requirente de las diligencias efectuadas y de su resultado (Art. 8). Se establece también que si algún acto de corrupción afectare a 2 Estados miembros, ambos cooperarán en la investigación y diligencias judiciales y en la ejecución de la sanción y decidirán cuál de ellos actuará contra el autor del delito (Art. 9). El Convenio establece el compromiso de los Estados de aplicar el principio *ne bis in ídem,* de tal forma que una persona juzgada con sentencia definitiva no podrá ser procesada por los mismos hechos en otro, si la condena esté cumplida o en vías de ejecutarse o no pueda ejecutarse conforme a las leyes del Estado que la impuso (Art. 10).

Convenio Penal sobre la Corrupción (Convenio Número 173 del Consejo de Europa, 1999)

Surge de la necesidad de contar con una política penal común para proteger a la sociedad de la corrupción, mediante la adopción de una legislación y medidas preventivas adecuadas, pues que se señala que “la corrupción constituye una amenaza para la primacía del derecho, la democracia y los derechos humanos, que la misma socava los principios de una buena administración, de la equidad y de la justicia social, que falsea la competencia, obstaculiza el desarrollo económico y pone en peligro la estabilidad de las instituciones democráticas y los fundamentos morales de la sociedad” (tercer párrafo preámbulo).

Tiene su origen en el Programa de Acción contra la Corrupción, adoptado por el Comité de Ministros del Consejo de Europa en noviembre de 1996 siguiendo las recomendaciones de la 19.ª Conferencia de Ministros Europeos de Justicia de 1994, la Resolución n.º 1, adoptada por los Ministros Europeos de Justicia en su 21.ª Conferencia de 1997 donde instaba la pronta aplicación del Programa de Acción contra la Corrupción y recomendaba, la elaboración de un convenio penal, la Resolución (97) 24 referente a los 20 Principios Rectores de la Lucha contra la Corrupción, adoptada el 6 de noviembre de 1997 por el Comité de Ministros en su 101.ª Reunión, la adopción en la 102ª Reunión del Comité de Ministros, el 4 de mayo de 1998, de la Resolución (98) 7 donde autoriza el Acuerdo parcial ampliado por el que se establece el «Grupo de Estados contra la Corrupción-GRECO».

En dicho convenio se habla de:

a) Agente público, aplicable a funcionarios u oficiales públicos, así como a los alcaldes, ministros o jueces a que se refiera el derecho nacional del Estado donde esa persona ejerza esas funciones.

b) Juez, integrantes del ministerio público y personas que ejerzan funciones judiciales.

c) Persona jurídica cualquier entidad que posea esta condición en virtud del derecho nacional aplicable, excepción hecha de los Estados o de otras entidades públicas en el ejercicio de sus prerrogativas de poder público y de las organizaciones internacionales públicas (Art. 1°).

Se distingue entre corrupción activa y pasiva en el sector público de la siguiente forma:

a) Activa: El hecho de proponer, ofrecer u otorgar, directa o indirectamente, cualquier ventaja indebida a uno de los agentes públicos, para sí mismo o para algún otro, con el fin de que realice o se abstenga de realizar un acto en el ejercicio de sus funciones (Art. 2).

b) Pasiva: El hecho de que un agente público solicite o reciba, directa o indirectamente, cualquier ventaja indebida para sí mismo o para algún otro, o de que acepte la oferta o promesa de esa ventaja, con el fin de realizar o de abstenerse de realizar un acto en el ejercicio de sus funciones (Art. 3).

Misma que resulta aplicable para los miembros de sus asambleas públicas, agentes públicos (Arts., 4, 5, 6) distingue la corrupción activa y pasiva en el sector privado de la siguiente forma:

a) Activa: en el curso de una actividad mercantil, el hecho de prometer, ofrecer u otorgar, directa o indirectamente, cualquier ventaja indebida a una persona que dirija o trabaje en cualquier calidad para una entidad del sector privado, para sí misma o para cualquier otra persona, con el fin de que realice o se abstenga de realizar un acto incumpliendo sus deberes (Art. 7).
b) Pasiva: en el curso de una actividad mercantil, el hecho de que una persona que dirija o trabaje en cualquier calidad para una entidad del sector privado solicite o reciba, directamente o por mediación de terceros, una ventaja indebida o de que acepte la oferta o promesa de esa ventaja, para sí misma o para cualquier otra persona, con el fin de que realice o se abstenga de realizar un acto incumpliendo sus deberes (Art. 8).

Lo anterior conforme a este convenio, también aplica cuando la corrupción esté ligada con funcionarios internacionales, miembros de asambleas internacionales, así como jueces o agentes de tribunales internacionales (Arts. 9, 10, 11). De igual forma el convenio define lo que se entiende por tráfico de influencias que es cuando se cometa intencionalmente, el hecho de proponer, ofrecer u otorgar, directa o indirectamente, cualquier ventaja indebida en concepto de remuneración a cualquiera que afirme o confirme ser capaz de ejercer influencia sobre las decisiones de cualquiera de los agentes públicos, jueces, nacionales o internacionales independientemente de que la ventaja indebida sea para sí mismo o para cualquier otro, así como el hecho de solicitar, recibir o aceptar la oferta o promesa de la misma en concepto de remuneración por dicha influencia, independientemente de que se ejerza o no esa influencia o de que la influencia supuesta produzca o no el resultado perseguido (Art. 12).

Establece la obligación de tipificar como delito por cada parte conforme a su derecho interno los actos mencionados en el Convenio del Consejo de Europa relativo al blanqueo, seguimiento, embargo y decomiso de los productos del delito (STE n.º 141), en los párrafos 1 y 2 del artículo 6, cuando el delito principal se la corrupción definida conforme al convenio penal (Art. 13). El Convenio define como delitos contables, cuando se cometan intencionalmente, los actos u omisiones siguientes, destinados a cometer, ocultar o disimular los delitos de corrupción definidos en el convenio como son:

a) extender o utilizar una factura o cualquier otro documento o asiento contable que contenga informaciones falsas o incompletas;
b) omitir de manera ilícita la contabilización de un pago (Art. 14).

Se hace referencia a la responsabilidad de las personas jurídicas por cuanto hace a los delitos de corrupción activa, de tráfico de influencias y de blanqueo de capitales si se cometen en su beneficio por personas físicas ya sea de forma individual o como miembro de uno de sus órganos de la persona, que ejerza un poder directivo ya sea por representación o bien para adoptar decisiones en nombre de, ejerzan control y dichas personas físicas sean cómplices o instigadores de dicho delitos o bien la falta de vigilancia y control de las personas mencionadas anteriormente (Art. 18).

Se establece la existencia de autoridades especializadas en la lucha contra la corrupción que deberán tener la independencia necesaria para ejercer sus funciones con eficacia y sin estar sometidas a ninguna presión ilícita, así como que disponga de la formación y de los recursos financieros suficientes (Art. 20). El convenio, prevé la protección para las personas que den información referente a los delitos de corrupción, blanqueo de capitales y delitos contables a que se refiere el mismo o a los testigos que den testimonio de los mismos (Art. 22). Se establece la toma de medidas que permitan utilizar técnicas especiales de investigación para la obtención de pruebas correspondientes a los delitos de corrupción, blanqueo de capitales y delitos contables a que se refiere el mismo, para identificar, rastrear, bloquear y decomisar los instrumentos y productos de la corrupción o bienes cuyo valor corresponda a dichos productos, así como el otorgamiento de las facultades que sean necesarias a los tribunales y demás autoridades competentes para la comunicación o la incautación de expedientes bancarios, financieros o comerciales, no siendo el secreto bancario un impedimento para lo anterior (Art. 23).

El convenio señala que los delitos contemplados en el mismo se tendrán como incluidos en cualquier tratado de extradición vigente entre las partes y a incluirlo en cualquier tratado de extradición que celebren, siendo que cuando no exista tratado de extradición el convenio para los delitos en el contemplado será la base legal para ello (Art. 27).

Convenio de Derecho Civil sobre la Corrupción número 174 del Consejo de Europa (Estrasburgo 1999)

La finalidad del Consejo de Europa es buscar más unión entre sus miembros, se reconoce la importancia de fortalecer la cooperación internacional contra la corrupción que no es sino una *"amenaza para la primacía del derecho, la democracia y los derechos humanos, la equidad y la justicia social, que obstaculiza el desarrollo económico y pone en peligro el funcionamiento correcto y leal de las economías de mercado" (párrafos 2, 3 y 4 del Preámbulo).*

Se hace un reconocimiento de las consecuencias negativas que la corrupción genera en las personas empresas, Estado, instituciones internacionales, así como la importancia de que el derecho civil contribuya a la lucha contra la corrupción de tal forma que se obtenga una indemnización, equitativa a quienes hayan sufrido daños a consecuencia de la misma. Tiene su origen en el Programa de Acción contra la Corrupción, adoptado por el Comité de Ministro del Consejo de Europa en noviembre de 1996 siguiendo las recomendaciones de las 19ª Conferencias de Ministros Europeos de Justicia de 1994, 21ª de 1997 y 22ª de 1998, el estudio para elaborar un convenio sobre acciones civiles de indemnización por daños derivados de actos de corrupción aprobado por el Comité de Ministros en 1997, la Resolución (97) 24 referente a los 20 Principios Rectores de la Lucha contra la Corrupción, adoptada el 6 de noviembre de 1997 por el Comité de Ministros en su 101.ª Reunión, la adopción en la 102ª Reunión del Comité de Ministros, el 4 de mayo de 1998, de la Resolución (98) 7 donde autoriza el Acuerdo parcial ampliado por el que se establece el «Grupo de Estados contra la Corrupción-GRECO», la Resolución (99) 5 por la que se establece el GRECO, adoptada el 1 de mayo de 1999 así como la declaración final y plan de acción adoptado por los Jefes de Estado y de Gobierno de los miembros del Consejo de Europa en su segunda cumbre en 1997.

El convenio establece la obligación de cada parte de establecer en su derecho interno procedimientos eficaces a favor de quienes hayan sufrido daños derivados de actos de corrupción incluyendo la posibilidad de ser indemnizados por los daños a su patrimonio, lucro cesante, así como los daños no patrimoniales (Arts. 1 y 3). El Convenio define como corrupción: el hecho de solicitar, ofrecer, otorgar o aceptar, directa o indirectamente, un soborno o cualquier otra ventaja indebida o la promesa de una ventaja indebida, que afecte al ejercicio normal de una función o al comportamiento exigido al beneficiario del soborno, de la ventaja indebida o de la promesa de una ventaja indebida, definición que engloba la corrupción activa o pasiva (Art. 2).

Para determinación de la responsabilidad de quien haya cometido el acto de corrupción deberá estarse a los siguiente:

a) Demandando cometió o autorizó el acto de corrupción o no tomó las medidas adecuadas para impedir el acto de corrupción.
b) Demandante haya sufrido daño.
c) Exista nexo causal entre el acto de corrupción y el daño.
d) Si hubiere varios responsables del acto de corrupción, serán responsables solidariamente.
e) Si demandante contribuyó con su culpa a la producción del daño la indemnización podrá reducirse o suprimirse acorde a las circunstancias del caso.
f) Las acciones de reparación de los daños sufridos tendrán un plazo mínimo de 3 años a partir de que su hubiere sufrido este o se hubiere tenido conocimiento, acciones que no podrán ejercitarse en un plazo mínimo de 10 años a partir de del acto de corrupción (Arts. 4, 6 y 7).

El convenio, establece que quienes hayan sufrido daños derivados de un acto de corrupción por parte de agentes públicos en ejercicio de sus funciones puedan exigir indemnización al Estado (Art. 5). Establece que aquellos contratos o cláusulas contractuales que tengan por objeto un acto de corrupción serán nulos así como que las partes cuyo consentimiento se encuentre viciado por un acto de corrupción además de solicitar la nulidad podrán exigir el pago de daños (Art. 8). El convenio establece que deberá darse protección contra sanciones injustificadas para empleados que denuncien de buena fe actos de posible corrupción a las autoridades (Art. 9).

Señala que las cuentas anuales de las empresas sean claras y den una imagen fiel de la situación financiera de la empresa lo cual deberá ser comprobado por los auditores de la misma (Art. 10). Exige a las partes tener procedimientos eficaces para la obtención de pruebas tratándose de actos de corrupción, así como medidas cautelares para garantizar los derechos e intereses de las partes en procedimientos civiles cuyo origen sea un acto de corrupción (Art. 11 y 12). El convenio obliga a la cooperación de forma eficaz en procedimientos civiles en casos de corrupción, como es la notificación de documentos, obtención de pruebas en el extranjero, jurisdicción, reconocimiento y ejecución de sentencias extranjeras y costas, con arreglo en los instrumentos internacionales aplicables relativos a la cooperación internacional en materia civil y mercantil en que sean Partes, y conforme a su derecho interno (Art. 13).

4.2. CONVENCIÓN DE LAS NACIONES UNIDAS CONTRA LA CORRUPCIÓN (CNUCC)

Previo a la CNUCC se llevó a cabo la Conferencia Internacional sobre la Financiación y el Desarrollo en Monterrey (México) del 18 al 22 de marzo de 2002 y la Cumbre Mundial sobre el Desarrollo Sostenible en Johannesburgo (Sudáfrica) del 26 de agosto al 4 de septiembre de 2002 (Naciones Unidas, 2004).

Además, se estableció un Comité Especial encargado de negociar la convención presidido por Héctor Charry Samper de Colombia. La CNUCC se firmó en la Conferencia política de alto nivel que se celebró en Mérida (México del 9 al 11 de diciembre de 2003). Ahí se "Pide al Secretario General que designe la Oficina de la Naciones Unidas contra la Droga y el Delito como secretaría de la Conferencia de los Estados Parte en la Convención" (Naciones Unidas, 2004). Señala el Preámbulo de la Convención que la corrupción ha dejado de ser un problema local para convertirse en un fenómeno transnacional; los casos de corrupción involucran vastas cantidades de dinero; existen vínculos de la corrupción con otras formas de delincuencia, además, se requiere un enfoque amplio y multidisciplinario para combatirla; la corrupción amenaza las instituciones democráticas, las economías nacionales y el imperio de la ley (Naciones Unidas, 2004).

Básicamente pide a los Estados que:

- Adopten medidas preventivas y se tipifiquen las formas de corrupción más frecuentes en el sector público y privado (Naciones Unidas, 2004).
- Exige a los Estados Miembros devuelvan los bienes procedentes de la corrupción al país donde fueron robados (Naciones Unidas, 2004)

La Oficina de las Naciones Unidas contra la Droga y el Delito preparó una Guía Práctica para las empresas, denominada Programa anticorrupción de ética y cumplimiento para las empresas: Guía práctica (2013) (programa anticorrupción).

El Manual de Ética, Anticorrupción y Elementos de Cumplimiento de las Empresas, publicado en el 2013 proponía un método estructurado para que las empresas pudieran evaluar los riesgos de corrupción. Hace referencia a: (1) Establecimiento del proceso, (2) identificación de riesgos, (3) clasificación del riesgo inherente, (4) identificación y clasificación de controles de mitigación, (5) cálculo de riesgo residual, (6) desarrollo de un plan de acción. "La evaluación de riesgos implica entender cómo están funcionando los diferentes programas y controles anticorrupción en una empresa, así como su efecto en los riesgos. Solo entonces puede la empresa dar un mejor uso a los recursos de cumplimiento". (Manual de Ética Anticorrupción, 2013).

Por otro lado, los instrumentos empresariales de reconocimiento internacional relacionados con el soborno.

Código de conducta anticorrupción para empresas (Foro de cooperación económica Asia-Pacífico–APEC, por sus siglas en inglés)

Principios empresariales para contrarrestar el soborno (TI: Transparencia Internacional)

Guía de buenas prácticas sobre controles internos, ética y cumplimiento (OCDE: Organización para la Cooperación y el Desarrollo Económico)

Lineamientos para el cumplimiento de la integridad (Banco Mundial)

Principios para contrarrestar el soborno (PACI: Iniciativa Alianza contra la Corrupción del Foro Económico Mundial)

Reglas para combatir la corrupción (CCI: Cámara de Comercio Internacional)

El combate a la corrupción cualquiera que sea la forma en que se lleve a cabo, ha sido una constante tanto a nivel global como nacional existiendo muchos intentos y formas de hacerlo.

Se puede decir que el *Compliance* formalmente hablando como tal, llega a nuestro país con el nacimiento del Sistema Nacional Anticorrupción, en un primer momento mediante la reforma al artículo 113 constitucional que fue publicada el 27 de mayo de 2015 y posteriormente con la emisión y/o modificación de las leyes que conforman todo el andamiaje del Sistema Nacional Anticorrupción, que fue producto del amalgamiento de varias iniciativas presentadas por diversos partidos (en su mayoría del Partido Acción Nacional) y de la ciudadanía misma por virtud de la cual surgen las siguientes leyes:

- Ley General del Sistema Nacional Anticorrupción
- Ley General de Responsabilidades Administrativas
- Ley Orgánica del Tribunal Federal de Justicia Administrativa
- Ley de Fiscalización y Rendición de Cuentas de la Federación

Junto con el nacimiento de las leyes referidas fueron reformados:

- El Código Penal Federal
- El Código Nacional de Procedimientos Penales
- La Ley Orgánica de la Procuraduría General de la República (hoy Fiscalía General de la República)
- La Ley Orgánica de la Administración Pública Federal
- Leyes nuevas y reformas publicadas el 18 de julio de 2016

Lo anterior, no significa que en México no hubiera existido antes un combate a la corrupción si no que se estructuró un Sistema para que el combate fuera más ordenado, de hecho, en forma previa se habían publicado la Ley Federal para la Identificación de Operaciones con Recursos de Procedencia ilícita (D.O.F. 17 de octubre de 2012), Ley Federal de Extinción de Dominio (D.O.F. 12 de enero de 2016 y abrogada por la Ley Nacional de Extinción de Dominio D.O.F. 9 de agosto de 2019). El 8 de junio de 2017 se publica en el Diario Oficial de la Federación la declaratoria de vigencia de la norma mexicana NMX-CC-19600-IMNC-2017, Sistema de gestión del cumplimiento, directrices señalándose que la misma es idéntica a la norma internacional ISO 19600:2014 *Compliance management systems-Guidelines* ed 1 (2014 diciembre).

Desde lo que conocemos como *softlaw* podemos decir que existen los siguientes documentos.

- Código de Principios y Mejores Prácticas de Gobiernos Corporativo
- Código de Integridad y Ética Empresarial del Consejo Coordinador Empresarial
- Manual de Integridad del Consejo Coordinador Empresarial

Analizaremos primero los documentos de *softlaw* existentes en México y posteriormente los de *hardlaw.*

4.3. CÓDIGO DE PRINCIPIOS Y MEJORES PRÁCTICAS DE GOBIERNO CORPORATIVO

La primera versión de este código se dio a conocer en junio de 1999, siendo la versión actual la tercera de dicho Código de julio de 2018. En el mensaje dado por el entonces presidente del Consejo Coordinador Empresarial se habla ya de que se desarrolló en el Código una nueva función: la de Riesgo y Cumplimiento estrechamente relacionada con un nuevo principio incluido en esta versión, que es el de Conducción Honesta y Responsable de la sociedad (CCE, 2018)

Para este Código, la actuación honesta y responsable de la sociedad, así como su eficiencia y permanencia como parte del gobierno corporativo deben ser del interés público como privado, además, prioritarios en la agenda nacional. Esto se explica puesto que la economía nacional se encuentra estrechamente vinculada a las sociedades sin importar su tamaño o carácter (civil, mercantil o asistencial). El *Compliance* busca al final de cuentas una conducción honesta y responsable de la empresa.

Para el Comité redactor del Código, un buen sistema de gobierno corporativo debe contener dentro de sus principios básicos entre otros, los siguientes que se relacionan con el *Compliance:*

1. Conducción honesta y responsable, pues teniendo una conducción así, se facilita el cumplimiento de las normas legales y principios a los que esté sujeta la sociedad.
2. Prevención de operaciones ilícitas y conflictos de interés, eso solo se logra con un programa de *Compliance* que preferentemente debe ser encabezado por un oficial de cumplimiento.
3. Emisión de un Código de Ética, desde nuestra visión, la ética juega un papel primordial en el cumplimiento, con un buen programa de *Compliance* que permee entre los integrantes de la sociedad, es decir que se socialice, que el cumplimiento sea por el convencimiento no porque exista o pueda existir una sanción, lo que significa ir más allá del cumplimiento legal.
4. Revelación de hechos indebidos y la protección de los informantes, esto debe formar parte del programa de *Compliance*, ya que debe existir una forma segura para denunciar hechos indebidos (dentro de indebidos caben hechos ilegales y hechos antiéticos siendo que los primeros normalmente son faltos de ética y los segundos no necesariamente son ilegales) una garantía para quienes formen parte de la organización de la sociedad.
5. La identificación, administración, control y revelación de los riesgos estratégicos, que se relaciona con el siguiente punto, la elaboración de un buen programa de *Compliance* no es posible si no se conocen los riesgos a los que está expuesta una sociedad de acuerdo a la actividad que desarrolla.
6. El cumplimiento de todas las disposiciones legales a que esté sujeta la sociedad, este es el objetivo primordial del *Compliance,* sin embargo, nosotros consideramos que un buen programa de *Compliance* debe considerar también el cumplimiento de normas éticas, así como normas de *Softlaw,* no solo normas legales (CCE, 2018). Dentro de la mejor práctica corporativa número 8 del Código por lo que ve al *Compliance* se sugiere que además de las obligaciones y facultades que las leyes prevén para el Consejo de Administración se incluyan los principios anteriores toda vez que corresponde al Consejo la implementación del Sistema de *Compliance.* Lo cierto es que el Consejo de Administración no puede estar en todo, por eso es conveniente que a través de órganos intermedios (comités que preferentemente deben estar integrados por consejeros independientes es decir, aquellos que no estén involucrados con el

equipo de dirección) y existiendo dentro de todas sus funciones 4 que son básicas, puesto que las decisiones que se tomen entorno a éstas funciones afectan positiva o negativamente el desarrollo de la sociedad que son: auditoría; evaluación y compensación; finanzas y planeación; riesgo y cumplimiento.

Las funciones que nos interesan para el tema del *Compliance* son la de auditoría y la de riesgo y cumplimiento, es importante mencionar que en algunas sociedades donde se encuentre implementado un sistema de *Compliance* ambas funciones se encuentran en manos de un solo comité.

En la mejor práctica 25, dentro de las funciones que se recomienda cumplir al comité encargado de la auditoría nos encontramos entre otras las siguientes:

1. Verificar la remediación (corrección) de los hallazgos de auditoría interna y externa por las áreas responsables, esto se relaciona mucho con lo que se busca a través del *Compliance* que es el cumplimiento, de tal forma que si se detecta un incumplimiento por la razón que sea (voluntaria o involuntaria) este se corrija o remedie en la medida de lo posible.
2. Contribuir en la definición de los lineamientos generales del control interno, de la auditoría interna y evaluar su efectividad.
3. Verificar que se observen los mecanismos establecidos para el control de los riesgos.
4. Conocer las denuncias por faltas al Código de Ética, las medidas tomadas y la protección dada a los informantes, es decir, de acuerdo al código, el comité encargado de la auditoría corresponderá recibir dichas denuncias, procesarlas e informar al Consejo de Administración.
5. Verificar que se cuente con los mecanismos necesarios que permitan asegurar que la sociedad cumple con las diferentes disposiciones legales que le son aplicables, que no es sino el fin último del *Compliance* función a la que se hace referencia también en la mejor práctica 40 del Código- (CCE, 2018, p. 36-38).

Llama la atención que en la mejor práctica 40 se recomienda que ese órgano se asegure de la existencia de mecanismos que permitan determinar si la sociedad cumple debidamente con todas las disposiciones legales a que está sujeta la sociedad, porque ya en el Código está la función de riesgo y cumplimiento y ahí es donde debería estar.

Dentro de la mejor práctica 54 del Código se recomienda que el comité encargado de la función de riesgo y cumplimiento cumpla las siguientes funciones:

1. Evaluación de los mecanismos propuestos por la Dirección General para la identificación, análisis, administración y control de los riesgos a los que está sujeta la sociedad y dando su opinión al Consejo de Administración.
2. Analizar los riesgos identificados por la Dirección General, para ver si están contemplados todos los riesgos que la sociedad pudiera enfrentar, por lo que se infiere que en caso de ver que falta alguno incluirlo o hacérselo notar el Consejo.
3. Definir los riesgos estratégicos a los que dará especial seguimiento el Consejo de Administración.
4. Evaluar los criterios presentados por la Dirección General para revelar los riesgos a los que está sujeta la sociedad, dando su opinión al Consejo de Administración.
5. Conocer las disposiciones legales a que está sujeta la sociedad y dar seguimiento estricto a su cumplimiento.
6. Conocer los asuntos legales pendientes y dar su opinión al Consejo de Administración.

Para llevar a cabo la función de riesgo y cumplimiento que es la que se ocupa del *Compliance,* el Consejo de administración debe recibir las opiniones e informes de todas las acciones que abarcan esta función, para que dentro de ese universo asignen prioridades, por ello, se recomienda contar con procesos claros para prevenir, detectar y mitigar, entre otros, los siguientes riesgos estratégicos:

1. Ataques cibernéticos y robo de información.
2. Uso del teléfono, del internet, las redes privadas y las redes sociales dentro de las instalaciones de la sociedad.
3. Continuidad del negocio y la recuperación de información en caso de desastres.
4. Efectos de los cambios económicos y regulatorios del país y del extranjero.

5. Disrupción en el modelo de negocio.
6. Cambios climáticos y sus efectos en la cadena de suministros.
7. Movimientos geopolíticos, sociales y migración.
8. Efectos en la reputación y la confianza en la marca.
9. Ausencia de innovación y desarrollo de nuevos negocios.
10. Ausencia de un plan formal de sucesión en la sociedad. (*CCE, 2018*).

Tal importancia se le da dentro del código a la función de riesgo y cumplimiento que en las mejores prácticas 55 y 56 se recomienda que en alguna de las sesiones del año el Consejo de Administración evalúe los riesgos estratégicos de la sociedad para poder mitigar sus impactos contando con los apoyos necesarios pues los mismos pueden poner en peligro la inversión de los accionistas, las fuentes de empleo y la existencia de los terceros interesados, siendo que su identificación, evaluación, administración y control son muy importantes, al igual que los mecanismos para revelar sus efectos.

Para poder cumplir con lo anterior, es necesario que el Consejo de Administración cuente con el apoyo necesario para:

1. Identificar
2. Analizar
3. Administrar
4. Controlar
5. Criterios de revelación
6. Determinar el impacto cuantitativo y cualitativo
7. Medidas para administrarlos

En las mejores prácticas 58, 59 y 60 se recomienda que el Director General una vez al año, rinda un informe sobre la administración de los riesgos identificados para la sociedad, así como llevar a cabo una revisión y que se genere un informe para conocer el grado de cumplimiento de las disposiciones legales a las que está sujeta la sociedad y de todos los litigios pendientes y el posible riesgo que pueden generar.

4.4. CÓDIGO DE INTEGRIDAD Y ÉTICA EMPRESARIAL

El cumplimiento de las normas se da generalmente por 2 razones: por un convencimiento propio o bien por temor a las consecuencias (sanciones), siendo la primera de dichas razones la que más permanencia genera, porque cuando se cumple una norma por convencimiento propio existe un impulso natural no forzado a diferencia del cumplimiento por temor, lo anterior, no significa que deben cumplirse normas ilegales o injustas sin poner objeción alguna, pues para eso también existen los medios legales.

Lo que debe buscar toda sociedad, así como cualquier organización es que el actuar de quienes forman parte de ella sea cumpliendo las normas a las que está sujeta la sociedad, así como las normas que esta misma genera para su funcionamiento interior. La mejor forma de lograrlo es a través del establecimiento de una cultura ética y de cumplimiento para lo cual es necesario que al interior de las organizaciones exista un código de ética y un plan de integridad.

El Código de Ética es el documento donde se establecen principios bajo los cuales se regirá la sociedad, y el Código de Conducta no es, si no el establecimiento de conductas o formas de actuar aceptadas y no aceptadas por la sociedad, es común que el código de ética y el código de conducta se encuentren integrados en uno solo.

El Código de Integridad y Ética del Consejo Coordinador Empresarial analizado corresponde a la segunda edición de dicho código, el cual, efectivamente corresponde a un código de ética no a un código de ética y de conducta a la vez, que cuenta con los siguientes principios.

1. Prohibición a la corrupción

El primer principio del Código mencionado es el centro del mismo código. La prohibición a la corrupción, que en el código se entiende por promover, realizar, ocultar o cualquier otra actividad tendiente a llevar a cabo actos de corrupción, como pueden ser sobornos, nepotismo, colusión, tráfico de influencias, cohecho, pagos a facilitadores o aceleradores, es decir, cualquier actividad, conducta, acción u omisión que implique un pago en dinero o en especie, otorgamiento de ventajas, privilegios, prestación de servicios, asunción de deudas u obligaciones o atenciones excesivas, directamente o por medio de terceros a: Funcionarios públicos o de empresas, entidades que manejen recursos públicos y tengan facultades de autoridad y empresas privadas, ello para obtener una ventaja de negocios o una decisión favorable que no hubiera consecuencia de dichas actividades, conductas u omisiones.

(CCE, 2018)

2. Transparencia

El segundo principio denominado transparencia se relaciona con aquellos obsequios, viajes, comida fuera de la oficina o similares, que de suyo son legítimos pero que podrían utilizarse para propiciar actos de corrupción, por lo que se recomienda tener una política estricta con respecto a la entrega y recepción de regalos (incluyendo comidas, viajes, entretenimiento y uso de artículos promocionales), siempre que:

- Sea una práctica común en el sector en que desarrolle sus actividades.
- Tenga un valor promocional.
- No busque influir la actuación en un funcionario público o de una empresa.
- No se catalogue como soborno o implique un posible conflicto de intereses ni sea violatoria de las leyes aplicables.
- No se afecte la reputación de la empresa por la divulgación de la entrega o recepción del regalo.

Por lo tanto, también se recomienda prohibir la recepción o entrega de regalos cuyo propósito o resultado sea influir en la actuación de un colaborador en sus funciones dentro de la empresa, ya sea un particular o de un funcionario público, y, asimismo, que se establezcan políticas y medidas mediante las cuales se transparente la entrega o recepción de cualquier regalo o donación realizada o recibida por la empresa o sus colaboradores. Se sugiere la implementación de una política para regular y prevenir conflictos de intereses de los miembros de la organización que aseguren la transparencia y publicidad de sus intereses. Sugiriéndose que todo lo anterior quede en un código de conducta, publicitándolo tanto al interior como al exterior de la sociedad (CCE, 2018).

3. Integridad en las inversiones y en las relaciones de negocios

El tercer principio denominado integridad en las inversiones y en las relaciones de negocios, busca que las empresas cuenten con una política de integridad que prevenga directa o indirectamente la comisión de actos de corrupción, y el establecimiento de medidas razonables para vigilar el cumplimiento a dichas políticas y procedimientos y deben procurar que sus agentes, representantes, clientes, proveedores, abogados, auditores, asociados y socios comerciales cumplan con las políticas de las empresas para evitar la corrupción, en México o en cualquier otra jurisdicción en la que operen (CCE, 2018).

4. Transparencia en la prohibición de aportaciones con fines políticos

Este principio busca que no se violen leyes electorales, la realización de aportaciones en cualquier forma sea directa o indirecta a partidos políticos, campañas electorales, o a cualquier persona física o moral, asociación, organismo, sindicatos, o cualquier otro tipo de entidad pública o privada, relacionados con actividades políticas y establecer controles para que en su nombre se hagan a fundaciones, asociaciones o empresas ligadas a funcionarios públicos.

5. Libertad en la participación política de los colaboradores

Este principio implica el respeto a las preferencias políticas y militancia de los integrantes de la organización, mientras no afecte la operación de la empresa y el cumplimiento de obligaciones laborales.

6. Responsabilidad en la política para evitar la corrupción; existencia de controles de verificación

En este principio lo que se indica es que para que la política de integridad funcione los mandos deben involucrarse activamente en la misma para que la integridad permee de abajo hacia arriba. Se sugiere contar con controles en recursos humanos, finanzas, contabilidad, en compras, adoptando políticas, procedimientos y controles verificables que les permitan establecer las sanciones u otras consecuencias derivadas del incumplimiento, para ello, deberán contar con un manual de procedimientos donde se delimiten las responsabilidades de cada área, así como sus cadenas de mando (CCE, 2018).

7. Compromiso con la cultura de la integridad y honestidad en los negocios

En este principio lo que se sugiere es que los altos directivos participen activamente en el diseño e implementación de los programas, políticas y procedimientos de integridad, y transmitan la importancia de respetar y cumplir con los mismos a todos sus miembros y a los terceros interesados de la empresa, tales como proveedores, fundaciones, donatarios e incluso, socios o accionistas, para ello deben tener un programa de comunicación y entrenamiento para sus miembros para que conozcan y se adhieran a las políticas de la empresa para evitar la corrupción (CCE, 2018).

8. Desarrollo de programas de integridad

En este principio se propone que, de acuerdo a sus capacidades, las empresas destinen recursos, para implementar programas, políticas y procedimientos de integridad, tomando como base el Manual de Integridad y la Ley General de Responsabilidades Administrativas, mismo que deben revisarse en forma periódica. Se recomienda que en las normas de integridad existan programas que promuevan el respeto a las personas y sus derechos fundamentales.

9. Sistema de denuncia y confiabilidad

En este principio, se señala que la empresa debe tener un sistema de denuncias proporcionado preferentemente por un tercero y si no interno, el cual debe ser accesible, gratuita y anónimo si el denunciante así lo elige, por lo que deberá existir un área que se encargue de dichas denuncias, misma área que deberá ser puesta del conocimiento de todos y que deberá ser publicitada.

10. Seguimiento y fomento de la integridad y transparencia en los negocios

En este principio no hace sino recordarse que las empresas deben conocer y estar informadas sobre las disposiciones legales contra la corrupción, las restricciones aplicables, restricciones a las aportaciones o contribuciones políticas; y la normatividad aplicable a las operaciones comerciales en general, y a las relacionadas con el sector público y al comercio internacional.

4.5. MANUAL DE INTEGRIDAD DEL CONSEJO COORDINADOR EMPRESARIAL

Este manual señala que es una guía para que las empresas de cualquier tamaño en el país adopten un programa de integridad acorde al Código de Integridad y Ética Empresarial conforme a estándares internacionales, el programa de integridad se basa en el rechazo a la corrupción. Surge en el modelo de administración *Global Compact* de la Organización de las Naciones Unidas- Programa de Integridad representado en forma circular, pues se trata de un proceso cíclico que debe revisarse cada cierto tiempo.

El modelo se configura de la siguiente forma:

1. Llevar a cabo un análisis de riesgo, porque las empresas no están todas sujetas a los mismos riesgos, éstos dependerán de acuerdo al sector donde se desenvuelva cada empresa y a su tamaño.
2. Definir el programa de integridad, cada empresa de acuerdo a su sector y tamaño debe crearlo, es cierto que hay modelos, pero el modelo debe ser adaptado de acuerdo a las necesidades de la empresa, porque ninguna empresa es igual a otra.
3. Implementar el programa, que no es si no ponerlo en funcionamiento o en marcha.
4. Monitorearlo y medir su impacto y avances, la única forma de ver si un programa funciona es por medio de un monitoreo, lo cual ayuda a determinar si hay que hacerle ajustes o de plano cambiarlo.

5. Comunicar la estrategia y los avances, para que una estrategia funcione, es necesario comunicarla y socializarla, programa que no se da a conocer no se puede implementar.
6. Compromiso de la integridad de la empresa, para nosotros es la piedra angular del programa, si la empresa no tiene ese compromiso el programa por más adecuado que sea no funcionará.

Por otra parte, el Manual de Ética Anticorrupción, (2013) documenta en los instrumentos arriba señalados y cuáles son los 12 elementos más importantes de la lucha anticorrupción:

1. Apoyo y compromiso de la alta gerencia con respecto a la prevención de la corrupción
2. Desarrollo de un programa anticorrupción
3. Vigilancia del programa anticorrupción
4. Una política clara, visible y accesible que prohiba la corrupción
5. Políticas detalladas para áreas de riesgo particulares
6. Aplicación del programa anticorrupción a socios comerciales
7. Controles internos y documentación
8. Comunicación y capacitación
9. Promoción e incentivación de la ética y el cumplimiento
10. Búsqueda de orientación–Detección y denuncia de infracciones-
11. Manejo de infracciones
12. Revisiones y evaluaciones periódicas del programa anticorrupción

5.

El Oficial de Cumplimiento

Una de las figuras que ha proliferado dentro de las empresas es el denominado Oficial de Ética y Cumplimiento (CECO: *Chief Ethics and Compliance Officer*). El Oficial de Cumplimiento ha sido definido como el responsable de supervisar, gestionar, vigilar y controlar el desarrollo y coordinación del Programa o Sistema de *Compliance* de la empresa; es quien debe informar sobre los posibles riesgos e incumplimientos dentro de la misma es quien debe cuidar la observancia e implementación por parte de la empresa de procedimientos y mecanismos exigidos por la normatividad vigente y el cumplimiento de las normas vigentes aplicables a la misma. El origen de este rol dentro de las empresas se remonta a Estados Unidos en el año de 1991, cuando se publicó el Manual de lineamientos (*Guidelines Manual)* por la *United States Sentencing Commission* (Banchio, 2020). Aunque el manual hace referencia a las reglas para que de manera uniforme se condene a personas físicas y jurídicas por delitos graves y menores, también promovía el desarrollo de programas de cumplimiento de acuerdo a la norma y, por lo tanto, la figura del oficial de cumplimiento.

Por otra parte, jugó un papel importante la *US Federal Sentencing Guidelines* para el desarrollo de los programas de cumplimiento, como ha sido explicado. Se indica a las empresas que pueden atenuar las penas cuando se viole la ley federal (FCPA): en los supuestos donde tienen programas de *Compliance.* El modelo de *Compliance* debe seguir dos objetivos: "ejercicio de la debida diligencia (*due diligence),* para prevenir y detectar conductas criminales y la promoción de una cultura de la organización que aliente las conductas conforme a la ética y el cumplimiento normativo" (Banchio, 2020). Es importante considerar que deberá haber una línea de denuncias, línea ética o *whistleblowing* que consiste en "(...) la acción de reportar mediante una denuncia un hecho potencialmente irregular o ilícito y es una herramienta clave de todo programa de *Compliance*" (Banchio, 2020).

Quienes ejercen la función de oficial de cumplimiento, enfrentan hoy grandes retos. Destacan dos: por una parte, estar atentos al tema regulatorio que permite aprobar nuevas normas, mejores prácticas, directrices, guías de los organismos industriales, expectativas de los inversores, por citar algunos. Por otro lado, entender las implicaciones en el mundo real y el desarrollo de procesos que sean prácticos, eficientes y en los que exista un costo beneficio (Bornatico, 2018). También, frente al *Compliance* y las regulaciones, hay quiénes asumen una posición más prudencial, por ejemplo, "*Conduct Authority* (FCA) in the *United Kingdom or the Swiss Financial Market Supervisory Authority (FINMA), use more of a principles-based approach to regulation — the so-called prudential regulation — allowing firms some flexibility to tailor their internal policies to suit their organisations. This is different in the United States where regulators enact a rules-based approach setting out the letter*" (Bornatico, 2018).

Por otro lado, a finales de los años 90 la Unión Europea emite la normativa MIFID1 Directiva de mercados de instrumentos financieros (*Markets in Financials Instruments Directive),* en la que se determinan tres principios: 1. Actuar de forma honesta, imparcial y profesional en el menor interés de sus clientes; 2. Proporcionar información imparcial, clara y no engañosa a sus clientes; 3. Prestar servicios y ofrecer productos, teniendo en cuenta las circunstancias personales de los clientes que constituye una serie de recomendaciones de cumplimiento obligado que da vida a la figura del *Compliance Officer,* relativas a la transparencia e información para los mercados financieros, y se crea el Plan de Acción de Servicios Financieros de la Unión Europea (FSAP), con el cual se buscaba la *"armonización e integración de las empresas y servicios de inversión dentro de la UE, además, unir sinergias dentro del marco financiero europeo para favorecer a todos los agentes operadores de las ventajas de diversificación y apertura de mercados".*

La incorporación de un programa de *Compliance* como medida eficaz para disuadir o prevenir la corrupción de los miembros de una sociedad, de acuerdo a la legislación vigente en España, por ejemplo, deberá "promover la adopción y ejecución de modelos de organización eficaces, con medidas de vigilancia y control idóneas para la prevención del delito y eludir la responsabilidad penal como entidad".

Por tanto, desde la administración general de la entidad se debe ajustar y promover el establecimiento de políticas, procedimientos y directrices, así como la adopción de estándares de conducta empresariales necesarios para asegurar el cumplimiento de la ley y evitar la comisión de conductas delictivas. Es necesario, la implementación de programas de formación a directivos y empleados; la dotación de recursos financieros para la puesta en marcha y el mantenimiento de dicho programa; e identificar las actividades y conductas de riesgo con la elaboración de un detallado análisis de aquellos riesgos que podrían producirse en las distintas áreas de la empresa.

Así mismo, como ya vimos en capítulos anteriores, se requiere de la elaboración y aprobación de un Código de ética, canales de comunicación y denuncia, y un plan de vigilancia y/o designación del *Compliance Officer*, determinando sus funciones como órgano investigador y sancionador, motivo de nuestro estudio en el presente apartado.

Esta designación de la persona o el grupo de personas multidisciplinarias que serán las encargadas de dirigir el esfuerzo por mejorar el cumplimiento, investigación y sanción de las acciones contrarias a las estrategias de gestión resulta imprescindible y recae esta responsabilidad en el órgano de gobierno, que irá de la mano junto del el *Compliance Officer* a quien se le va a confiar su elaboración y diseño.

Formular un plan de trabajo, las fases en que se va a realizar, el tiempo aproximado que va a tomar, establecer los posibles obstáculos o dificultades que pudieran surgir. Hacer un cambio estructural no solo en la línea de mando, en la toma de decisiones, sino que también en la forma de administrar y registrar los reportes, informes, recabar evidencias, documentos. La intención es permear desde el órgano de administración hacia todos los niveles de la organización, la implementación real y concreta, pero efectiva del programa de cumplimiento para que tenga efectos positivos y puedan ser medibles a corto plazo.

El oficial de cumplimiento es un órgano auxiliar de la empresa, encargado de la vigilancia, obtención de información al órgano de dirección, evaluar el estado de cumplimiento normativo de la empresa y proporcionar la información recabada de los riesgos de la organización (Montaner, 2015). Ya sea que se trate de una persona o un comité integrado por diversos individuos, que laboren en la compañía o que se contrate a un grupo de asesores externos especializados, el responsable o los responsables para realizar la implementación, vigilancia y cumplimiento de los programas de cumplimiento o *compliance* tienen una función esencial en alcanzar los fines propuestos de transparencia, legalidad y en general ética en los negocios y en el actuar de los miembros de una determinada compañía, esencial función de supervisión, vigilancia y control de los modelos de organización y gestión penal.

Inicialmente nace como resultado de los actos terroristas a las torres gemelas en la ciudad de Nueva York en el año 2001, de la ley llamada *U.S. Patriot Act* aprobada por el congreso de los Estados Unidos, y se le entendía como *"la persona responsable de vigilar la adecuada implementación y funcionamiento del sistema de prevención de lavado de activos y financiamiento del terrorismo en el sujeto obligado"*, para evitar que el sistema financiero sea utilizado para lavar dinero y financiar el terrorismo, lo que originó que dichas leyes fueran adoptadas en la resolución 1373 de la Organización de las Naciones Unidas, homologándose tiempo después por la mayoría de las legislaciones locales de los países miembros. Artículo 352 modificativo del artículo 5318 h) de su *Federal Criminal Code and Rules* establece que las entidades financieras, a fin de protegerse contra el lavado de dinero, deberán establecer programas antilavado de dinero, que deben incluir como mínimo: a) el desarrollo de políticas, procedimientos y controles internos, b) la designación de un *"Compliance Officer"*; c) un permanente programa de capacitación.

Resalta que cuando en la doctrina se utiliza para referirse a la figura, las expresiones "oficial de cumplimiento", "responsable de cumplimiento" debemos de entender que estamos ante un mismo concepto. Ha sido más frecuente la expresión de oficial de cumplimiento por la tradición que ha tenido en el ámbito anglosajón, y se entiende como la persona responsable de supervisar y gestionar todas las cuestiones relacionadas con el cumplimiento normativo; entre sus funciones principales destacan: identificación de riesgos penales, la determinación de medidas preventivas y correctivas, la implementación eficaz del programa de prevención de riesgos (Muñoz,2017).

Esta persona o grupo debe elaborar un plan inicial, ya sea para la elaboración del "traje a la medida" del programa de cumplimiento para la entidad, hasta su puesta en marcha, y para el procedimiento de verificación, investigación y sanción. Dicho plan deberá ser aprobado previamente por el órgano máximo de la persona jurídica, cumplir con los objetivos y metas propuestas tarea fundamental de la labor que desempeñará el oficial de cumplimiento. Una de sus tareas será el permanente análisis de las consecuencias que para la gestión del riesgo de cumplimiento se derivan de los cambios de la organización (Carrau, 2016).

También se le conoce como *Compliance Officer* por la fuerte influencia del derecho anglosajón en la figura del *compliance,* de conformidad con el código penal español su función básicamente es supervisar la eficacia de los controles internos de la empresa mediante la evaluación, asesoramiento y vigilancia de los riesgos penales, según lo establecido por el Artículo 31 bis, Ley Orgánica 1/2015. Pero el *compliance officer* no solamente velará por la supervisión en la empresa y sus empleados en la prevención para no incurrir en ilícitos, para evitar o exonerar a la compañía de una posible responsabilidad de tipo penal por la comisión de algún acto que pudiera determinarse como delictivas; entre sus funciones ésta es una no menos importante que el cumplimiento de las demás disposiciones legales, así como de la normatividad de la empresa, sus políticas y procedimientos.

Por prevención se entiende a la actividad consistente en prever, conocer de antemano, anticiparse a, precaver, evitar, impedir algo (Velasco, 2021). Para conocer propiamente las funciones de este oficial de cumplimiento, repasamos lo establecido por el Código Unificado de Buen Gobierno de las Sociedades Cotizadas, donde señala la Recomendación 46: *Funciones: a) asegurar el buen funcionamiento de los sistemas de control y gestión de riesgos y, en particular, que se identifican, gestionan y cuantifican adecuadamente todos los riesgos importantes que afecten a la sociedad; b) Participar activamente en la elaboración de la estrategia de riesgos y en las decisiones importantes sobre su gestión; c) velar por que los sistemas de control y gestión de riesgos mitiguen los riesgos adecuadamente en el marco de la política definida por el consejo de administración*, aunque no resultan del todo aplicables, son en gran medida útiles para adoptarlas y tropicalizarlas a nuestro programa de cumplimiento, sin embargo, habrá que ampliar dichas funciones no solamente a las obligaciones legales, que como ya hemos visto, se limita el *compliance penal* con la intención de disminuir o eximir la responsabilidad penal de la persona jurídica, sino también abarcar las cuestiones internas, como las políticas y procedimientos corporativos de cada entidad en un *Compliance Program* más completo. Entre estas funciones, una que tiene particular importancia son los reportes que se deberán realizar periódicamente al órgano de administración para dar a conocer puntualmente la situación de la puesta en marcha del programa y puedan adoptar oportunamente, las decisiones procedentes para la consecución de los objetivos[1], incidentes, irregularidades, incumplimientos, entre otros.

---

1 *Libro blanco sobre la función del compliance.* Asociación Española de Compliance (ASCOM). Madrid. 2017, p. 34.

Para la eficacia del cargo o nombramiento del oficial de cumplimiento es necesario dotarlo de facultades en el ámbito empresarial. La delegación de funciones adquiere una relevancia capital si se coloca como contexto a la imposibilidad del empresario de realizar por sí mismo todas las actividades necesarias para el funcionamiento del objeto social y, por consiguiente, su incapacidad para ocuparse de evitar que todas las actividades no lesionen bienes jurídicos de terceros (Gutiérrez, 2015). Es importante dotarlo de apoyo para cumplir sus funciones, proporcionarle los medios para el debido desempeño de sus funciones. El oficial de cumplimiento para el desempeño de sus funciones debe establecer un plan de vigilancia que incluya la comunicación y socialización del programa de *compliance* con el personal y con las demás personas obligadas, responder dudas, aclarar situaciones, actualizar la normativa, así las acciones de seguimiento con cada responsable de área o departamento. Debe incardinarse en la estructura corporativa, junto al órgano de dirección, con plena actuación autónoma, y el mismo nivel que aquellos que forman parte del control interno, con quienes se correlacionará interactivamente, pues utiliza un mismo lenguaje y mismas herramientas de gestión.

Existen dos formas de llevar a cabo las investigaciones dentro de las compañías, *"las que son con fines preventivos que son llevadas a cabo de oficio, a instancia de la propia organización y las de fines reactivos, que nacen por la recepción de una denuncia en la que se informe de posibles riesgos de incumplimiento"*, de acuerdo con José León (2020). Igualmente trascendente es el hecho de documentar todos los casos de denuncias internas, y seguir el mismo procedimiento en todos los casos, al respecto Espín señala: *"no se podrá formular denuncias internas por ningún otro cause distinto de los establecidos en la norma"* (Espín, 2017), la relevancia del sistema de investigación interna se acentúa en la circunstancia atenuante que establece el artículo 31 quáter, b del código penal mencionado, se refiere a la colaboración en la investigación del hecho con posterioridad a su comisión, lo que ayuda a aportar pruebas nuevas que podrían ser decisivas, de ahí la importancia de implementar eficazmente dicha labor.

El manejo de la información debe ser muy riguroso por parte el *Compliance Officer* y las personas que tengan acceso por el cargo que ostentan en la empresa, recordar además que se debe velar por el cumplimiento puntual en materia de protección de datos personales, adoptarse los procedimientos y medidas necesarias para preservar la identidad y garantizar la confidencialidad de todos los afectados e involucrados por la información suministrada, y evitar a toda costa la afectación de derechos de fundamentales de los colabores involucrados, que podría traducirse en elevados e innecesarios gastos para la empresa, *"por ello se plantea la necesidad de buscar fórmulas que, en todo o en parte, permitan incorporar las garantías del proceso penal a la práctica de las investigaciones internas"* (Alcácer, 2018), de acuerdo con Mercedes De Padra y Jesús Santos *"que exista un impulso coactivo de parte del Estado que permita su implementación de modo que aunar control estatal y control interno se convierte en una cuestión absolutamente necesaria"* (De Prada, 2014).

Otra función, difícil pero crucial del oficial de cumplimiento, consiste en la determinación de la responsabilidad cuando exista una denuncia mediante el sistema implementado por la propia compañía, o una imputación por parte de un tercero, una investigación de las autoridades o cualquier otro procedimiento que formule una reclamación a la empresa. Se deberá realizar un cuidadoso análisis, iniciar una investigación interna, recabar evidencias, entrevistas, armar expediente para esclarecer los hechos y formular la imputación a la persona física responsable y liberar la posible responsabilidad de la persona jurídica en el caso del *Compliance* penal. Para ello, se podrá apoyar en las directrices internacionales conocidas como *soft law,* para medir si dicho programa fue efectivo, cumplió el objetivo, estuvo bien o mal implementado, y poder determinar la responsabilidad hacia un miembro de la organización o a la persona jurídica, para ello propone un test de eficacia (Kuhnlen et. al., 2013).

Con estas funciones de investigación del empresariado, *"se asumen funciones propias del juez instructor y la policía judicial"*, la empresa se convierte en *"agente colaborador"* del poder público, *"resultando aplicable la doctrina Falciani, cuyos hallazgos obtenidos por la empresa podrían ser utilizados como medios de prueba en un eventual procedimiento judicial"* (Alcácer, 2018), sobre todo cuando haya sospechas de comisión de delitos.

Los *Compliance Officer* también juegan un papel muy riesgoso, ya que en el ejercicio de sus funciones pueden incurrir en responsabilidad civil y penal por el conocimiento de los hechos denunciados, los denunciantes, la información confidencial que recibe y la omisión misma de su actuación al conocer de hechos ilícitos y no denunciarlos. Es importante no dejarse tentar por el nivel jerárquico del denunciado, su popularidad, su influencia dentro de la compañía, o su presencia e imagen física, es decir, se requiere ser objetivo y totalmente imparcial en la investigación y aplicación de sanciones independientemente de la persona investigada. No obstruir ninguna investigación, no cambiar, manipular, desaparecer pruebas, someter sus resoluciones a votación de un órgano colegiado para que la responsabilidad sea compartida y, sobre todo, imparcial, resoluciones tomadas por mayoría de los presentes, ya sea en el comité del *Compliance Officer* o en cualquier órgano de la administración competente sobre todo en cuanto a la aplicación de sanciones se refiere. Debería estar formada por consejeros que no ostenten facultades ejecutivas, sería bueno contar con esta comisión con aquellos consejeros que puedan tener formación jurídica, en caso de no disponer de ellos, debería realizarse un curso formativo específico en materia de cumplimiento normativo (Carrau, 2019).

Para que un programa de cumplimiento o sistema de *Compliance* se pueda considerar seguro o eficaz y se tenga certeza de su correcto funcionamiento, independientemente de su debida elaboración e implementación en el seno de la organización y la verificación interna que de tiempo en tiempo realice el propio oficial de cumplimiento, es factible que se contrate a una empresa externa de verificación o certificación, además de la constante verificación interna para lograr una mejora continua en todos los procesos y documentarlos, tener evidencias, compilaciones en físico. Por ello es importante también el debido funcionamiento del programa de cumplimiento cumpla con los requisitos mínimos establecidos a lo largo de la presente investigación, bajo ninguna circunstancia va a garantizar que no se incurra en una responsabilidad penal de la persona jurídica o en una inobservancia de normas en general, no es un blindaje a "prueba de balas", de ahí que se recomienda no bajar la guardia y siempre estar en monitoreo constante y estricto de las recomendaciones y políticas adoptadas por cada entidad. Los mecanismos a los que cualquier organización se puede apoyar para verificar sus programas de *Compliance* que tengan implementados podrían obtener una certificación o sello de correcto funcionamiento, son las normas internacionales ISO y UNE, las cuales establecen marcos de referencia muy completos que ayudan al diseño, implementación y evaluación.

La Dra. Soyla H. León, establece que las funciones del oficial de cumplimiento son:

"a) Identificar los riesgos legales y reputacionales de la empresa de forma continua y sus medidas correctivas.

b) Identificar la normatividad aplicable municipal, estatal, nacional, internacional a la empresa (*hard law*) cuyo cumplimiento es obligatorio, así como la interna que se refiere a estatutos, reglamentos internos, código, planes y políticas empresariales así como buenas prácticas sectoriales (*soft law*) cuyo cumplimiento es voluntario y que refieren a la forma de ser de la empresa.

c) Diseñar en implementar el programa de *compliance*, que incluya el diseño de códigos de ética y/o conducta, determinando las obligaciones de cumplimiento generales y por cada área de la empresa.

d) Cuidar el buen funcionamiento del programa de *compliance*, mediante el diseño, implementación y aplicación de políticas, controles y procedimientos, para solventar incidencias legales y reputacionales y garantizar el cumplimiento legal y normativo, así como verificar la aplicación de políticas, controles y procedimientos.

e) Informar a la dirección sobre el funcionamiento e idoneidad del programa de *compliance* y en su caso proponer cambios o adecuaciones al mismo.

f) Diseñar, establecer y supervisar los canales de denuncia del sistema de *compliance* tanto al interior como al exterior de la empresa.

g) Gestionar auditorías e investigaciones sobre cumplimiento y normativas o responder a solicitudes de información de los organismos reguladores.

h) Verificar el cumplimiento de códigos de ética y/o conducta.

i) Divulgar, capacitar y entrenar al personal sobre la política general del Sistema de compliance, del código de ética y/o conducta es decir "será el responsable de proveer o coordinar los entrenamientos continuos en materia de cumplimiento normativo, así como la figura que dará soporte en el caso de dudas sobre cómo proceder o si cierta conducta constituye o no una infracción al Compliance de la empresa.

j) La gestión y la denuncia de infracciones".

5.1. CARACTERÍSTICAS DEL OFICIAL DE CUMPLIMIENTO

El oficial de cumplimiento debe conocer a la empresa en su totalidad, sus procesos y procedimientos para ligar éstos con las obligaciones de la empresa en materia de cumplimiento normativo. Debería tener un perfil jurídico, de control y supervisión.

Podemos decir que las principales características del oficial de cumplimiento son:

a) Independencia que implica la falta de sometimiento para la adopción o ejecución de decisiones, en el caso del oficial de cumplimiento significa que este no se vea influenciado, guiado o controlado por otros, debiendo ejercer su función de prevención a todas las áreas de la empresa contando con los recursos que sean necesarios para ejercer su función. Esa independencia se dará en la medida que el oficial de cumplimiento no esté sometido jerárquicamente a otro ógano dentro del organigrama de la empresa, puesto que su dependencia a otro órgano pondría en duda su independencia así como que cuente con los recursos (económicos, técnicos y personales) necesarios para desarrollar su función.

   Es pertinente aclarar que esa independencia no es plenamente absoluta puesto que la designación del oficial del cumplimiento o bien depende del órgano de administración o de un comité de cumplimiento y en algunos casos de los socios de la empresa, entendiendo esto como una delegación de la función del órgano de administración, además de que es a este al cual debe mantener informado el oficial de cumplimiento de la operación y funcionamiento del programa de Compliance. Autores como Angela Toso, e Iván Navas Moncada señalan que el responsable primario del cumplimiento es el órgano de administración o directivo pues es el garante natural, si éste no se involucra en la cultura de cumplimiento muy poco podrá hacer el oficial de cumplimento reduciéndose el programa de *Compliance* a algo estético.

b) Libertad, implica que el oficial de cumplimiento pueda realizar sus funciones de control y supervisión sin la existencia de denuncia alguna.

c) Autonomía, implica que su retribución no esté ligada a los resultados de la empresa.

d) Imparcialidad, implica que el oficial de cumplimiento actúe con objetividad sin ningún tipo de inclinación a favor o en contra de una persona o grupo de personas.

e) Confidencialidad que implica la no divulgación de la información conocida en el ejercicio de sus funciones.

Referencias Bibliográficas

Alcácer, R. (2018). *Retos para el compliance penal: Barbulescu, Falciani y el reforzamiento de garantías en el proceso penal.*

Banchio, P. R. (2020). Compliance en el derecho comparado segunda parte: bases culturales. Regulación en el sistema del Common Law. *Revista Argentina de Compliance, 1*, 1–23.

Bermúdez, Y., & Mejías, A. (2018). Medición de la responsabilidad social empresarial: casos en pequeñas empresas Latinoamericanas. *Ingeniería Industrial, 39*(3), 315–325. http://www.redalyc.org/articulo.oa?id=360458817010

Bonartico, A. M. (2018). Key compliance priorities of investment advisers: A short global overview. *Journal of Securities Operations & Custody, 10*(3), 210–221.

Cajiga, J. (s/f). El Concepto de Responsabilidad Social Empresarial. En *Centro Mexicano para la Filantropía* (pp. 1–35).

Carrau, R. (2019). *Compliance para Pymes.* Tirant lo Blanch.

Casanovas, A. (2018). Estándares internacionales en compliance: ISO 19600 y 37001. *Estándares internacionales en Compliance,* 7(24).

Consejo Coordinador Empresarial. (2018). *Código de Integridad y Ética Empresarial.*

Constitución Política de los Estados Unidos Mexicanos (1917)

De Prada, M., & Santos, J. (2014). Responsabilidad penal de la empresa: las investigaciones internas. *Anuario Jurídico Villanueva, 8*, 287–386.

Dodd-Frank Wall Street Reform and Consumer Protection Act, Pub. L. 111-203 (2010). https://www.congress.gov/111/plaws/publ203/PLAW-111publ203.pdf

Edling, S., Sharp, H., Löfström, J., & Ammert, N. (2020). Why is ethics important in history education? A dialogue between the various ways of understanding the relationship between ethics and historical consciousness. *Ethics and Education, 15*(3), 336–354. https://doi.org/10.1080/17449642.2020.1780899

Empresa PSU. (s/f). *Para su empresa cómo elaborar un plan de.*

Ethics&Compliance Iniatitive. (s/f). https://www.ethics.org/resources/talking-the-walk-series/

García, P. (2016). Las políticas anticorrupción en la empresa. *Revista de derecho (Valparaíso), 47*, 219–244. https://doi.org/10.4067/S0718-68512016000200007

Gutiérrez, E. (2015). *La figura del compliance officer. Algunas notas sobre su responsabilidad penal.* Wolters Kluwer.

Herath, S., & Walker, S. A. (2019). How effective is Sarbanes-Oxley in the accountingprofession–Is it accomplishing its Original Objectives? . *The Business and Management Review, 10*(2), 98–107.

Kuhnlen, L., Montiel, J. P., & Ortiz de Urbina, Í. (2013). *Compliance y teoría del derecho penal.* Marcial Pons.

León, J. (2020). Retos jurídicos en el marco de las investigaciones internas corporativas: a propósito de los compliances. *Revisa electrónica de ciencia penal y criminología, 22*, 1–34. http://criminet.ugr.es/recpc/22/recpc22-04.pdf

Libro blanco sobre la función del compliance. (2017). Asociación Española de Compliance (ASCOM).

López, A. (2019). El trabajador con funciones de compliance officer en la empresa, en Europa y España. *Rihumso: Revista de Investigación Del Departamento de Humanidades y Ciencias Sociales, 15*, 1–20.

Mata, N. J. (2018). El órgano de "compliance" penal: algunas cuestiones. En *Compliance y prevención de delitos de corrupción.* Tirant lo Blanch.

Miller, G. (2017). Compliance: past, present and future. *University of Toledo Law Review, 18*(3).

Montaner, R. (2015). El "criminal compliance" desde la perspectiva de la delegación de funciones. *Estudios penales y criminológicos, 35*, 733–782.

Muñoz, E. (s/f). La responsabilidad del "compliance officer". *El Economista.* https://es.ontier.net/ia/enriquemunozresponsabilidadcomplianceofficer20102017.pdf

Navas, I. (2021). "La responsabilidad penal del oficial de cumplimiento". Polít. Crim. 16(32) 715-744

Neil, M., & Klein, A. (2014, octubre 24). *The Impact of the Dodd-Frank Act on Financial Stability and Economic Growth.*

Organización de Cooperación y de Desarrollo Económicos. (2016). *Principios de gobierno corporativo de la OCDE y del G20.* Éditions OCDE. https://doi.org/10.1787/9789264259171-es

Organización Internacional de Normalización. (2021). ISO 37301:2021

Pérezts, M., & Picard, S. (2015). Compliance or Comfort Zone? The Work of Embedded Ethics in Performing Regulation. *Journal of Business Ethics, 131*(4), 833–852. https://doi.org/10.1007/s10551-014-2154-3

Toso Milos, A. (2021). El oficial de cumplimiento en el marco de un modelo integrado de compliance en las sociedades anónimas. *Revista De Derecho*, 28, e3287. https://doi.org/10.22199/issn.0718-9753-2021-0007

Van Stekelenburg, L. H., De Ruyter, D., & Sanderse, W. (2021). 'Equipping students with an ethical compass.' What does it mean, and what does it imply? *Ethics and Education, 16*(1), 91–107. https://doi.org/10.1080/17449642.2020.1860315

Velasco, J. C. (2021, septiembre). La actividad de gestión del oficial de cumplimiento: contrato y propuesta de contenido. *Revista critica de Derecho Inmobiliario*, 1241–1289.